A COMUNICAÇÃO NOS PASSOS DE JOÃO PAULO II

COLEÇÃO COMUNICAÇÃO&RELIGIÃO

- A comunicação nos passos de João Paulo II

JOANA T. PUNTEL

A COMUNICAÇÃO NOS PASSOS DE JOÃO PAULO II

DIA MUNDIAL DAS COMUNICAÇÕES

Dados Internacionais de Catalogação na Publicação (CIP)
(Câmara Brasileira do Livro, SP, Brasil)

Puntel, Joana T.
A comunicação nos passos de João Paulo II : dia mundial das
comunicações / Joana T. Puntel. – São Paulo : Paulinas, 2012. – (Coleção
comunicação & religião)

ISBN 978-85-356-3105-0

1. Comunicação - História   2. Comunicação de massa   3. Comunicação e cultura   4. Igreja e comunicação de massa   5. João Paulo II,
Papa, 1920-2005   6. Missão da Igreja   I. Título.   II. Série.

12-03474   CDD-261.52

Índice para catálogo sistemático:
1. Cultura midiática e Igreja : Teologia social : Cristianismo   261.52
2. Igreja e cultura midiática : Teologia social : Cristianismo   261.52

1ª edição - 2012

Direção-geral: *Bernadete Boff*

Editora responsável: *Luzia M. de Oliveira Sena*

Copidesque: *Mônica Elaine G. S. da Costa*

Coordenação de revisão: *Marina Mendonça*

Revisão: *Sandra Sinzato*

Gerente de produção: *Felício Calegaro Neto*

Assistente de arte: *Ana Karina Rodrigues Caetano*

Projeto gráfico e diagramação: *Telma Custódio*

*Nenhuma parte desta obra poderá ser reproduzida ou transmitida
por qualquer forma e/ou quaisquer meios (eletrônico ou mecânico,
incluindo fotocópia e gravação) ou arquivada em qualquer sistema ou
banco de dados sem permissão escrita da Editora. Direitos reservados.*

Paulinas
Rua Dona Inácia Uchoa, 62
04110-020 – São Paulo – SP (Brasil)
Tel.: (11) 2125-3500
http://www.paulinas.org.br – editora@paulinas.com.br
Telemarketing e SAC: 0800-7010081
© Pia Sociedade Filhas de São Paulo – São Paulo, 2012

SUMÁRIO

APRESENTAÇÃO 7

INTRODUÇÃO 9

CAPÍTULO I
    No segredo do coração, a comunicação 11

CAPÍTULO II
    Não nos cansemos de fazer o bem! 17

CAPÍTULO III
    Amor-atenção aos comunicadores 27

CAPÍTULO IV
    A evangelização diante de outra porta de entrada 39

CAPÍTULO V
    O último presente de João Paulo II 43

MENSAGENS DE
JOÃO PAULO II
DIA MUNDIAL DAS COMUNICAÇÕES
1979-2005

1979 – "Comunicações sociais e desenvolvimento da criança" 51

1980 – "Comportamento ativo das famílias perante os meios de
    comunicação social" 57

1981 – "As comunicações sociais a serviço da liberdade responsável do homem" 63

1982 - "As comunicações sociais e os problemas dos idosos" 71

1983 – "Comunicações sociais e promoção da paz". 77

1984 – "As comunicações sociais, instrumento de encontro entre fé e cultura" 81

1985 – "As comunicações sociais e a promoção cristã da juventude" 87

1986 – "Comunicações sociais e formação cristã da opinião pública" 95

1987 – "Comunicações sociais e promoção da justiça e da paz" 101

1988 – "Comunicações sociais e promoção da solidariedade e fraternidade
entre os homens e os povos" 107

1989 – "A religião nos *mass media*" 113

1990 – "A mensagem cristã na cultura informática atual" 119

1991 – "Os meios de comunicação para a unidade e o progresso da família humana". 123

1992 – "A proclamação da mensagem de Cristo nos meios de comunicação" 127

1993 – "Videocassete e audiocassete na formação da cultura e da consciência" 133

1994 – "Televisão e família: critérios para saber ver" 137

1995 – "Cinema, veículo de cultura e proposta de valores" 143

1996 – "Os *mass media*: areópago moderno para a promoção da mulher
na sociedade" 149

1997 – "Comunicar o Evangelho de Cristo: Caminho, Verdade e Vida" 153

1998 – "Sustentados pelo Espírito, comunicar a esperança" 157

1999 – "*Mass media*: presença amiga ao lado de quem procura o Pai" 161

2000 – "Proclamar Cristo nos meios de comunicação social no alvorecer do
Novo Milênio" 165

2001 – "Anunciai-o do cimo dos telhados: o Evangelho na era da
comunicação global" 171

2002 – "Internet: um novo foro para a proclamação do Evangelho" 175

2003 – "Os meios de comunicação social ao serviço da paz autêntica,
à luz da *Pacem in terris*" 181

2004 – "Os *mass media* na família: um risco e uma riqueza" 187

2005 – "Os meios de comunicação: ao serviço da compreensão entre os povos" 193

CONCLUSÃO 197

APRESENTAÇÃO

O mundo inteiro reconhece em João Paulo II um grande comunicador, acostumado, desde a juventude, com as artes cênicas. No entanto, o segredo de seu sucesso estava muito além de sua desenvoltura no uso da palavra, de sua inteligência privilegiada, de sua habilidade no uso de gestos e ações profundamente significativos. Sua imagem pública não era fruto de esquemas previstos por um marketing bem planejado. A unção de sua mensagem brotava de uma radical coerência entre fé e vida, de um coração íntimo de Deus. Ele era ungido nas palavras, olhares, gestos e até no silêncio. Muito mais do que fruto de uma eloquência humana, sua unção era dom do Espírito Santo.

Mesmo sob o peso de uma longa enfermidade, seu poder de comunicação não diminuía. Antes, parecia crescer. Mais do que nunca, ele se tornava sinal de contradição. Sinal de que a força de Deus continua agindo ainda mais plenamente naquilo que é fraco (cf. 2Cor 12,9).

Por outro lado, João Paulo II tinha plena consciência de que é missão inalienável da Igreja comunicar a Boa-Nova de Jesus Cristo. No desempenho dessa missão, a Igreja deve se servir de todos os meios a seu dispor, como o são os novos meios de comunicação, essas "maravilhosas invenções da técnica que, sobretudo em nosso tempo, a inteligência humana, com o auxílio de Deus, depreendeu das coisas criadas" (Decreto *Inter mirifica*, n. 1). Foi nesse contexto que o Papa desenvolveu uma visão ampla sobre a comunicação, particularmente através das mensagens para o Dia Mundial das Comunicações, com as quais nos brindou durante 27 anos (de 1979 a 2005).

É, portanto, mais que oportuno o trabalho que a Irmã e Doutora Joana T. Puntel, da Congregação das Irmãs Paulinas, agora nos apresenta, e onde ela recolhe com maestria as principais linhas de reflexão do pensamento de João Paulo II nessas suas mensagens, e também na última Carta Apostólica que nosso saudoso Papa escreveu poucos meses antes de sua morte, sobre "O rápido desenvolvimento no campo das tecnologias".

Grande especialista em comunicação, Ir. Joana Puntel vem se dedicando há vários anos na construção e fortalecimento de uma verdadeira Pastoral da Comunicação na Igreja, no Brasil e em vários outros países.

O Cristo Senhor, Palavra Eterna do Pai, ao se fazer um de nós, nos comunica, com rosto, coração, gestos e palavras humanos, a face amorosa de Deus. Comunica, também, ao ser humano, sua identidade mais profunda. De fato, "o mistério do ser humano só se aclara verdadeiramente à luz do Mistério do Verbo Encarnado" (Constituição *Gaudium et Spes*, n. 22). Que ele, "o Apóstolo e Sumo Sacerdote da fé que professamos" (Hb 3,1), abençoe esta obra, e a faça, na força do Espírito Santo, produzir frutos de vida, e de vida em abundância (cf. Jo 10,10).

Dom Dimas Lara Barbosa
Arcebispo Metropolitano de Campo Grande – MS
Presidente da Comissão Episcopal Pastoral para a Comunicação da CNBB
Segundo Vice-Presidente do CELAM

INTRODUÇÃO

Existem pessoas que o tempo não apaga. Nem mesmo a morte. Assim acontece com João Paulo II, agora beatificado, que continua vivo na comunicação de sua pessoa em todas as nações, e nos seus ensinamentos, de modo especial na área da comunicação. Não só. Trata-se de evidenciar como a comunicação esteve no coração do Papa João Paulo II, que por 27 anos semeou sua visão progressista sobre a comunicação e a manifestou em várias ocasiões, mas, especialmente, em suas mensagens para o Dia Mundial das Comunicações, desde o longínquo 1979 até o 2005, ano em que nos deixou.

Um legado importantíssimo de chefe da Igreja Católica que gera em seus filhos atitudes de fé não somente em Deus, mas na potencialidade do homem, que continua a criação de Deus. É assim que acontece na comunicação. João Paulo II, além de abrir-se e acompanhar as novas invenções no mundo da comunicação, percebe também sua influência, seu potencial para criar laços de solidariedade, de fraternidade, enfim, de que a comunidade humana, em uma nova cultura, se volte sempre mais para a paz, a união e ao oferecimento dos valores permanentes que lembrem ao ser humano que ele é filho de Deus. Assim os vários temas distribuídos ao longo dos anos.

No primeiro capítulo, o olhar de João Paulo II está voltado para a comunicação. Realmente, para evangelizar é preciso dialogar com a cultura de hoje. Ele insiste e as consequências se fizeram sentir na Igreja. Ao menos por parte de alguns, que passaram a dar a devida importância à comunicação, como algo indispensável para a evangelização.

É no segundo capítulo, "Não nos cansemos de fazer o bem", que refletimos sobre as palavras do Papa para os desafios que a Igreja precisa enfrentar para estar no mundo da comunicação. O olhar fixo em Jesus, entretanto, faz o Papa prosseguir e lembrar-nos que Jesus nos disse: "Eu estarei convosco até o fim" (Mt 28,20).

Um carinho especial aos comunicadores, especialmente aos profissionais da comunicação, é o que encontramos nas mensagens de João Paulo II e as enfatizamos no terceiro capítulo. Há sempre um grande afeto nas palavras do Papa incentivando-os a desenvolver o trabalho com dignidade, ética e responsabilidade.

A internet havia chegado. João Paulo II a vê como instrumento necessário para a evangelização hodierna. Trata-se da "Evangelização diante de outra porta de entrada". Homem aberto de mente, mas que não esconde a sua preocupação pelo futuro. Compreende que estamos em uma nova época. Estimula e encoraja a usar as novas tecnologias na evangelização. Não faltam, porém, as recomendações de um pai amoroso. E este é o quarto capítulo.

No quinto capítulo, a consideração pelo último presente que João Paulo II nos deixou: o comentário sobre a carta "O rápido desenvolvimento". Foi a última carta escrita por João Paulo II, em janeiro de 2005. Ele veio a falecer em abril de 2005. E o último presente foi sua reflexão sobre a comunicação.

CAPÍTULO I

NO SEGREDO DO CORAÇÃO, A COMUNICAÇÃO

João Paulo II escutou, amou, acreditou e, por vinte e sete anos, falou sobre a comunicação. Fielmente. Progressivamente. Na admiração dos dons de Deus e fruto da inteligência humana. Na exortação. No apontar os caminhos do bem. Na solicitude de colocar a comunicação a serviço do homem, para a glória de Deus, o Criador. Para construir a fraternidade e solidariedade da família humana. Foram vinte e sete anos de construção. Cuidado. Ternura. Acolhimento. Zelo. Novos horizontes para a evangelização. Novas portas de entrada para a luz de Deus. Diálogo. Promoção da justiça. Da paz.

Percorrendo as mensagens para o *Dia Mundial das Comunicações* (1979-2005), colhemos que, no segredo do coração de João Paulo II, estava a comunicação.[1]

A Igreja comprometida no nascente mundo das comunicações

Com o Concílio Vaticano II, e depois o magistério – a Igreja reconheceu claramente a grande importância dos *mass media* no

---

[1] Nesta obra, percorremos somente as mensagens para o Dia Mundial das Comunicações, embora João Paulo II tenha tido uma relação intensa com a mídia e fa-

desenvolvimento da pessoa humana: no plano da informação, da formação, do amadurecimento cultural, além da diversão e do emprego do tempo livre. A Igreja também foi explícita em reconhecer que os meios de comunicação são *instrumentos* a serviço do homem e do bem comum; *meios, e não fins.*[2]

Como a sabedoria e o discernimento dos anos passados nos ensinam, "Deus falou à humanidade segundo a cultura própria de cada época. Igualmente a Igreja, vivendo no correr dos séculos em condições diversas, usou os recursos das diferentes culturas para difundir e explicar a mensagem de Cristo" (*Gaudium et spes*, n. 58). "O primeiro anúncio, a catequese ou o aprofundamento posterior da fé não podem desprezar os meios [de comunicação social]. [...] *A Igreja sentir-se-ia culpada diante do seu Senhor se não empregasse estes meios poderosos que a inteligência humana torna cada dia mais aperfeiçoados. Servindo-se deles a Igreja 'prega sobre os telhados' a mensagem da qual é depositária*" (Paulo VI, *Evangelii nuntiandi*, n. 45).[3]

A Igreja não pode deixar de estar cada vez mais profundamente comprometida no nascente mundo das comunicações. A rede global das comunicações cresce e torna-se cada vez mais complexa, e os *mass media* têm um efeito sempre mais visível sobre a cultura e a sua transmissão. Na expansão e no progresso contínuo dos *mass media*, pode-se vislumbrar um "sinal dos tempos", que é um potencial imenso de compreensão universal e um reforço de premissas para a paz e a fraternidade entre os povos (1981).

Recordamos as palavras de Jesus aos seus primeiros discípulos: "O que vos digo na escuridão, repito-o à luz do dia, e o que escutais em segredo, proclamai-o sobre os telhados" (Mt 10,27). No segredo do nosso coração, diz João Paulo II, escutamos a verdade de Jesus; agora, devemos proclamar esta verdade sobre os telhados.

---

lado, também, sobre a comunicação em outros documentos, durante o seu Pontificado.

[2] Na presente obra, nos servimos das palavras literais de João Paulo II, em suas mensagens, assinalando somente o ano para a devida consulta de quem o desejar.

[3] Ao longo das 27 mensagens, João Paulo II cita cinco vezes esse trecho da *Evangelii Nuntiandi*. A ênfase é minha.

"No mundo hodierno, os telhados são quase sempre caracterizados por uma floresta de transmissores e de antenas que enviam e recebem mensagens de todos os tipos, para e dos quatro recantos da terra. É vitalmente importante assegurar que entre estas inúmeras mensagens a Palavra de Deus seja escutada. Proclamar hoje a fé sobre os telhados significa anunciar a palavra de Jesus no e através do mundo dinâmico das comunicações" (2002).

"Reconhecendo, entretanto, as enormes possibilidades dos *mass media*, a Igreja sempre acrescentou, junto com uma avaliação positiva, um chamado de atenção para considerações que não ficassem somente numa óbvia exaltação, mas fizessem refletir e considerar que a força de sugestão destes 'meios' teve, tem e terá influências particulares sobre o homem, pelas quais sempre teve a maior consideração. O homem, também nos contatos com os *mass media*, é chamado a ser ele mesmo: isto é, livre e responsável, 'usuário' e não 'objeto', 'crítico' e não 'submisso'" (1981).

"Na verdade, as comunicações sociais constituem uma plataforma de trocas e de diálogo que pode responder a uma viva preocupação do meu pontificado, contribuir para uma passagem – na promoção da paz através da justiça – de um equilíbrio de terror a uma estratégia de confiança" (1987).

"O mundo da comunicação social está hoje empenhado num vertiginoso, complexo e imprevisível desenvolvimento: já se fala de uma *época* tecnotrônica, para indicar a crescente interação entre tecnologia e eletrônica – e está imerso em não poucos problemas, ligados com a elaboração de uma nova ordem mundial da informação e da comunicação, em relação com as perspectivas amplas do emprego dos satélites e da superação das barreiras do céu. Trata-se de uma revolução que comporta não só uma mudança nos sistemas e nas técnicas de comunicação, mas envolve todo o universo cultural, social e espiritual da pessoa humana" (1985).

Referindo-se aos ensinamentos do Concílio Vaticano II, cita o documento *Gaudium et Spes* (n. 5), em que os padres conciliares, "olhando para o futuro e buscando discernir o contexto no qual a Igreja foi chamada a realizar a sua missão, puderam ver claramente que o progresso da tecnologia estava já 'transformando a face da terra', chegando até a conquistar o espaço. Reconheceram que os progressos da tecnologia das comunicações, especialmente, eram de tais proporções que provocavam reações em cadeia com consequências imprevisíveis. E longe de querer sugerir que a Igreja deva manter-se a distância ou procurar isolar-se do fluxo destes acontecimentos, viram que a Igreja está no coração do progresso humano, partícipe das experiências do resto da humanidade, para procurar compreendê-las e interpretá-las à luz da fé. É próprio dos fiéis do povo de Deus o dever de fazer uso criativo das novas descobertas e tecnologias para o bem da humanidade, e a realização do desígnio de Deus para o mundo.

O reconhecimento das mudanças rápidas e esta abertura aos novos desenvolvimentos mostraram-se exatos nos anos seguintes, porque os ritmos da mudança e do desenvolvimento foram se acelerando ainda mais. Hoje, por exemplo, não se pensa ou não se fala mais de comunicações sociais como simples instrumentos ou tecnologias. São, antes, considerados como parte de uma cultura sempre em evolução cujas implicações ainda não se veem com precisão e cujas potencialidades são, no momento, só parcialmente desfrutadas.

Este é o fundamento das nossas reflexões sobre este XXIV Dia Mundial das Comunicações Sociais. Cada dia que passa torna-se sempre mais realidade o que há alguns anos era somente uma visão. Uma visão que previa a possibilidade de um diálogo concreto entre povos longínquos, de um intercâmbio universal de ideias e aspirações, de um crescimento no conhecimento e na compreensão recíprocos, de um fortalecimento da fraternidade, muito além das muitas barreiras no momento insuperáveis.

Com o advento das telecomunicações computadorizadas e dos chamados sistemas computadorizados de participação, foram oferecidos à Igreja outros meios para o cumprimento de sua missão. Métodos de comunicação agilizada e de diálogo entre os seus mesmos membros podem fortalecer os liames de unidade entre si. O acesso imediato à informação permite à Igreja aprofundar o diálogo com o mundo contemporâneo. Na nova cultura do computador a Igreja pode informar mais rapidamente o mundo sobre o seu 'credo' e explicar as razões de sua posição sobre cada problema ou acontecimento. Pode escutar mais claramente a voz da opinião pública e entrar num debate contínuo com o mundo que a cerca, empenhando-se assim, mais tempestivamente, na busca comum de soluções dos muitos e urgentes problemas da humanidade.

A Igreja deve, evidentemente, valer-se também dos novos recursos oferecidos pela pesquisa no campo da tecnologia do computador e do satélite para a sua sempre mais estimulante tarefa de evangelização. A mensagem vital e mais urgente da Igreja diz respeito ao conhecimento de Cristo e ao caminho de salvação que ele oferece. É isto que a Igreja deve apresentar às pessoas de qualquer idade, convidando-as a abraçar o Evangelho com amor, sem esquecer que 'a verdade não se impõe senão pela forma da mesma verdade, que penetra as mentes suavemente e ao mesmo tempo com vigor' (*Dignitatis humanae*, n. 1)" (1990).

"Certamente devemos ser agradecidos à nova tecnologia que nos permite armazenar a informação em vastas memórias artificiais criadas pelo homem, fornecendo assim um amplo e imediato acesso aos conhecimentos, que são o nosso patrimônio humano, à tradição e ao ensinamento da Igreja, às palavras da Sagrada Escritura, aos ensinamentos dos grandes mestres da espiritualidade, à história e às tradições das Igrejas locais, das ordens religiosas e dos Institutos Seculares, e às ideias e experiências de precursores e inovadores, cujas intuições dão um testemunho contínuo da presença fiel no nosso meio de um Pai amoroso que tira do seu tesouro coisas novas e velhas (cf. Mt 13,52)" (1990).

"Há muito tempo a Igreja considera que os meios de comunicação (imprensa, rádio, televisão e cinema) devem ser considerados como 'dons de Deus' (cf. Pio XII, *Miranda prorsus*). Desde que foi publicada a Instrução pastoral o elenco dos 'dons', inclusive dos meios de comunicação, continuou a crescer. Hoje, a humanidade dispõe de meios como os satélites, computadores, videogravadores e métodos de transmissão e de informação sempre mais avançados. A finalidade destes novos dons é a mesma dos meios de comunicação mais tradicionais: aproximar-nos uns dos outros, mais intimamente, na fraternidade e na compreensão mútua, e ajudar-nos a progredir na busca de nosso destino humano, como amados filhos e filhas de Deus" (1991).

"A Igreja não pode ignorar as mudanças, muitas e sem precedentes, causadas pelo progresso neste importante e onipresente aspecto da vida moderna. Cada um de nós deve perguntar-se sobre a sabedoria necessária para aproveitar as oportunidades que o desenvolvimento da tecnologia moderna da comunicação oferece ao serviço de Deus e do seu povo, reconhecendo, ao mesmo tempo, os desafios que o progresso impõe, inevitavelmente" (1993).

"Nunca se deve esquecer que a comunicação transmitida através dos meios de comunicação social não é um exercício utilitarista, com a simples finalidade de solicitar, persuadir ou vender. Ela também não é um veículo para ideologias. Os meios de comunicação social, por vezes, podem reduzir os seres humanos a unidades de consumo ou a grupos de interesse em competição entre si, ou manipular telespectadores, leitores e ouvintes como meras cifras das quais se esperam vantagens, quer elas estejam relacionadas com um apoio de tipo político ou com a venda de produtos; são estes fatos que destroem a comunidade. A comunicação tem a tarefa de unir as pessoas e de enriquecer a sua vida, e não de isolá-las e explorar. Os meios de comunicação social, se forem usados de maneira correta, podem contribuir para criar e manter uma comunidade humana baseada na justiça e na caridade, e, na medida em que o fazem, tornam-se sinais de esperança" (1991).

Referindo-se à preparação para o Jubileu que se celebrou no ano 2000, João Paulo II se expressou, em 1997: "[...] talvez uma das mais lindas ofertas que possamos oferecer a Jesus Cristo no segundo aniversário do seu nascimento é que a Boa-Nova fosse finalmente dada a conhecer a todas as pessoas no mundo – antes de tudo, através do testemunho do exemplo cristão – mas também através da mídia: 'Comunicar Jesus Cristo: Caminho, Verdade e Vida'. Seja este o desejo e o empenho de todos os que professam a singularidade de Jesus Cristo, fonte de vida e de verdade (cf. Jo 5,26; 10,10 e 28), e dos que têm o privilégio e a responsabilidade de trabalhar no vasto e influente mundo das comunicações sociais".

CAPÍTULO II

NÃO NOS CANSEMOS
DE FAZER O BEM!

João Paulo II, homem da esperança. Despertou esperança. Suscitou esperança. Uma esperança ativa. Acreditou na potencialidade da inteligência humana, como continuadora da obra criadora de Deus.

Consciente dos desafios que o mundo das comunicações apresenta, foi explícito em apontá-los. Mas corajoso em incentivar a presença cristã, recordando Paulo VI: "A Igreja viria a sentir-se culpável diante do seu Senhor, se não lançasse mão destes meios potentes que a inteligência humana torna cada dia mais aperfeiçoados" (*Evangelii nuntiandi*, n. 45).

Assim, acreditando que os meios de comunicação são o ingresso de todo homem e mulher à praça moderna do mercado, onde se expressam publicamente os pensamentos (*Redemptoris missio*, n. 37) (1992), vemos em João Paulo II o cumprimento das palavras de São Paulo aos Tessalonicenses: "Não vos canseis de fazer o bem" (2Ts 3,13).

Com a mente e o sentir inculturados, João Paulo II valeu-se muitas vezes do mesmo tema proclamado anualmente pela Organização das Nações Unidas (ONU), para que o convite a uma reflexão comum a ser feita pela sociedade se expandisse também no mundo das comunicações, numa visão cristã. Assim, o Pontífice dedicou o tema de suas mensagens: sobre as crianças (1979); as comunicações sociais e o problema dos idosos (1982); Ano Internacional da Juventude (1985); Ano Internacional da Família (1994).[4]

"Não tenhais medo"

"Os meios de comunicação social são de fato o novo Areopagus do mundo de hoje, um grande fórum que, empenhando-se da melhor maneira, torna possível o intercâmbio de informações autênticas, de ideias construtivas, de valores sadios e, dessa forma, cria comunidade. Por sua vez, isto é um desafio para a Igreja, no seu contato com as comunicações, não só a utilizar os meios de comunicação para difundir o Evangelho, mas também a inserir a mensagem evangélica na 'nova cultura' criada pela moderna comunicação, com as suas 'novas linguagens', novas técnicas e novas atitudes psicológicas (*Redemptoris missio*, n. 37)" (1998).

Ainda em 1988, João Paulo II se pergunta se as tendências que se apresentam no setor da comunicação de massa nos autorizam a nutrir esperança. Mas ele mesmo conclui: "[...] aos corações perturbados pelos riscos das novas tecnologias da comunicação, eu responderia: 'Não tenhais medo'. Não ignoramos a realidade na qual vivemos, mas a lemos mais profundamente. Identificamos, à luz da fé, os sinais autênticos dos tempos. A Igreja, preocupada com o homem, conhece a aspiração profunda do gênero humano à fraternidade e à solidariedade, aspiração muitas vezes frustrada, desfigurada, mas indestrutível porque gravada no coração do homem pelo mesmo Deus, que criou nele a exigência da comunicação e da capacidade para desenvolvê-la em escala planetária.

---

[4] Ao longo das mensagens de João Paulo II, os temas família, jovens, crianças, idosos, paz, necessidade dos pais serem educadores, a formação do senso crítico, são frequentemente abordados pelo Pontífice, sinal do grande desafio que entrelaça o ser humano no mundo da comunicação.

Por conseguinte, às vezes o mundo dos *mass media* pode parecer um ambiente não mais amistoso para a evangelização do que o mundo pagão do tempo dos Apóstolos. Mas do mesmo modo que as primeiras testemunhas da Boa-Nova não se retiraram quando se encontraram diante de oposições, assim também os seguidores de Cristo não o deviam fazer hoje. O brado de São Paulo ainda ecoa entre nós: 'Ai de mim, se eu não evangelizar!' (1Cor 9,16)" (2002).

"Por mais que o mundo dos *mass media* possa às vezes parecer separado da mensagem cristã, ele também oferece oportunidades singulares para a proclamação da verdade salvífica de Cristo à inteira família humana. Considerem-se, por exemplo, as transmissões 'satelitares' das cerimônias religiosas que com frequência atingem um auditório global, ou as capacidades positivas da Internet de transmitir informações religiosas e ensinamentos para além de todas as barreiras e fronteiras. Um auditório tão vasto estaria além das imaginações mais ousadas daqueles que anunciaram o Evangelho antes de nós. Portanto, no nosso tempo é necessário que a Igreja se empenhe de maneira ativa e criativa nos *mass media*. Os católicos não deveriam ter medo de abrir as portas da comunicação social a Cristo, de tal forma que a sua Boa-Nova possa ser ouvida sobre os telhados do mundo!" (2002).

Entretanto, é preciso perguntar-se: "[...] os *mass media* respondem de fato às expectativas que neles são postas, como fatores que favorecem a realização do homem na sua 'liberdade responsável'? Como estes meios se expressam ou são empregados para a realização do homem na sua liberdade e como a promovem? Os meios de comunicação, de fato, apresentam-se como realidade da 'força expressiva', e muitas vezes, sob certos aspectos, como 'imposição', não podendo o homem de hoje criar ao seu redor o vazio, nem se entrincheirar no isolamento, porque equivaleria a privar-se de contatos dos quais não pode prescindir" (1981).

"A recente explosão das tecnologias da informação deu a possibilidade, que jamais foi tão grande, de comunicar a indivíduos e grupos em todas as partes do mundo. Paradoxalmente, as mesmas forças que podem contribuir para o melhoramento da comunicação, podem levar, de igual modo, ao aumento do isolamento e à alienação. A nossa época é, por conseguinte, um *tempo de ameaças e de promessas*" (1999).

Nesse sentido, João Paulo II convida a refletir que: "Enquanto outrora eram os *mass media* que apresentavam os eventos, agora os acontecimentos são com frequência modelados a fim de corresponder aos requisitos dos meios de comunicação. Assim, a relação entre a realidade e os *mass media* tornou-se mais complicada, e este é um fenômeno profundamente ambivalente. Por um lado, ele pode matizar a distinção entre verdade e ilusão; mas, por outro, pode criar oportunidades sem precedentes para tornar a verdade mais vastamente acessível a um maior número de pessoas. A tarefa da Igreja consiste em assegurar que é a segunda eventualidade que realmente se verifica" (2001).

Pois a "verdade nunca deve ser manipulada, nunca descuidada a justiça, nunca esquecido o amor, caso se queira corresponder às normas deontológicas que, esquecidas ou descuidadas, produzem partidarismo, escândalo, submissão aos poderosos ou concessões à razão de Estado! Não será a Igreja a que vai sugerir abrandamentos ou disfarces para a verdade, mesmo que seja dura: a Igreja, exatamente porque é 'perita em humanidade', não se deixa influenciar por um otimismo ingênuo, mas prega a esperança e não se compraz com o escândalo. Porém, exatamente porque respeita a verdade, não pode deixar de notar que certos modos de gerir os *mass media* são pretexto diante da verdade e deletérios diante da esperança" (1981).

Quanto às relações entre os *mass media* e a família, "[...] já é difícil encontrar uma casa onde não tenha entrado pelo menos um dos instrumentos de comunicação. Enquanto até há poucos anos a família era formada por pais e filhos, e por qualquer outra pessoa ligada por laços de parentesco ou por qualquer trabalho doméstico, hoje, em certo sentido, o círculo abriu-se à 'companhia' mais ou menos habitual de anunciadores, atores, comentadores políticos e desportistas, e também às visitas de personagens importantes e famosas, pertencentes a profissões, ideologias e nacionalidades diversas.

É, este, um dado de fato que oferece extraordinária oportunidade, mas que esconde também insídias e perigos a não descuidar. A família sente hoje tensões e a crescente desorientação, características da vida social no seu conjunto. Vieram a faltar alguns fatores de estabilidade, que lhe asseguravam, no passado, uma sólida coesão interior e lhe consentiam – graças a uma completa comunhão de interesses e necessidades, e a uma convivência frequentemente não interrompida nem sequer pelo trabalho – desempenhar um papel decididamente dominante na função educativa e socializante.

Nesta situação de dificuldades e, às vezes, até de crises, os meios de comunicação social intervêm muitas vezes como fatores de novo mal-estar. As mensagens que eles transmitem não raro apresentam uma visão deformadora da natureza da família, da sua fisionomia e do seu papel educativo. Além disso, podem introduzir, entre os seus componentes, hábitos negativos de fruição distraída e superficial dos programas oferecidos, de indiferente passividade perante os seus conteúdos, de renúncia ao conforto recíproco e ao diálogo construtivo. Em particular, mediante os modelos de vida que eles apresentam, com a sugestiva eficácia da imagem, das palavras e dos sons, tendem a substituir-se à família nas tarefas de iniciar a percepção e a assimilação dos valores existenciais" (1980).

Outra insistência do Pontífice, nas suas mensagens, desde 1984, é sobre a fé e cultura, "[...] chamadas a encontrar-se e a interagir exatamente no terreno da comunicação: a realização efetiva do encontro e da interação, como também sua intensidade e eficácia, dependem muito da idoneidade dos instrumentos através dos quais tem lugar a comunicação. A imprensa, o cinema, o teatro, o rádio, a televisão, com a evolução que cada um destes meios sofreu no curso da história, nem sempre se revelaram adequados para o encontro entre fé e cultura. A cultura do nosso tempo, especialmente, parece dominada e plasmada pelos mais novos e poderosos entre os meios de comunicação – o rádio e, sobretudo, a televisão –, tanto que, por vezes, parecem impor-se como fins e não como simples meios, também pelas características de organização e de estrutura que exigem.

Este aspecto dos modernos *mass media*, no entanto, não deve fazer esquecer que se trata, sempre, de meios de comunicação, e que, por sua natureza, é sempre comunicação de alguma coisa: o conteúdo da comunicação, portanto, é sempre determinante e tal que qualifica a mesma comunicação. Sobre os conteúdos sempre se recomendou o senso de responsabilidade dos comunicadores, como também o senso crítico dos receptores.

Certos aspectos ilusórios do uso dos modernos *mass media* não devem fazer esquecer que eles, com o seu conteúdo, podem tornar-se maravilhosos instrumentos para a difusão do Evangelho, adaptados aos tempos, em condições de atingir até as regiões mais longínquas da Terra. Especialmente, podem ser de grande ajuda na catequese, como lembrei na Exortação Apostólica *Catechesi Tradendae*" (n. 46).

Um cuidado particular: a formação da Opinião Pública

Já em 1986, lembrando a *Gaudium et spes*, 82, João Paulo II exorta a necessidade urgente "de uma educação renovada dos ânimos e de uma nova orientação da opinião pública", de cuja formação os meios de comunicação são os principais fatores.

"[...] é necessária a formação de uma forte opinião pública em favor da solução dos angustiantes problemas da justiça social, da fome e do subdesenvolvimento. É preciso que estes problemas sejam hoje mais bem conhecidos em sua tremenda realidade e gravidade, que se crie uma forte e vasta opinião pública em seu favor, porque somente sob a vigorosa pressão desta os responsáveis políticos e econômicos dos países ricos serão induzidos a ajudar os países em via de desenvolvimento.

Especialmente urgente é a formação de uma opinião pública no campo moral e religioso. Com a finalidade de pôr um dique à difusão da mentalidade favorável ao permissivismo moral e à indiferença religiosa, é fundamental formar uma opinião pública que respeite e aprecie os valores morais e religiosos, enquanto tornam o homem plenamente "humano" e dão plenitude de sentido à vida. O perigo do niilismo, isto é, a perda dos valores mais propriamente humanos, morais e religiosos, precipita-se como uma ameaça sobre a humanidade de hoje.

Uma opinião pública correta deve ser formada, depois, sobre a natureza, a missão e a obra da Igreja, vista por muitos, hoje, como uma estrutura simplesmente humana e não, como realmente é, como realidade misteriosa que encarna na história o amor de Deus e leva aos homens a palavra e a graça de Cristo.

No mundo atual os meios de comunicação social, em sua múltipla variedade – imprensa, cinema, rádio, televisão –, são os principais fatores da opinião pública. É grande, por isso, a responsabilidade moral de todos os que se servem destes meios ou são seus inspiradores. Estes meios devem ser postos a serviço do homem e, portanto, da verdade e do bem, que são os valores humanos mais importantes e necessários. Os que trabalham profissionalmente no campo da comunicação social devem sentir-se empenhados em formar e difundir opiniões públicas conformes à verdade e ao bem.

Em tal esforço devem distinguir-se os cristãos, bem conscientes de que, contribuindo para formar opiniões públicas favoráveis à justiça, à paz, à fraternidade, aos valores religiosos e morais, contribuem não pouco para a difusão do Reino de Deus, que é reino de justiça, de verdade e de paz. Na mensagem cristã que é dirigida ao bem e à salvação do homem, eles podem buscar inspiração para ajudar os seus irmãos a formar opiniões corretas e justas, porque conformes ao plano de amor e de salvação para o homem, que Deus revelou e tornou realidade em Jesus Cristo. A fé cristã e o ensinamento da Igreja, exatamente porque fundamentados em Cristo, caminho, verdade e vida, são luz e força para os homens na sua caminhada histórica" (1986).

O Papa também nos chama à consciência de que: "[...] os meios de comunicação que estamos celebrando recordam-nos constantemente as limitações da nossa condição humana, a presença do mal nos indivíduos e na sociedade, da violência insensata e da injustiça que os seres humanos exercem, um contra o outro, com inumeráveis pretextos" (1992). Porém, nos fazer lembrar, novamente, a frase de Jesus "não tenhais medo": "Diante dos meios de comunicação frequentemente nos encontramos na posição de espectadores indefesos, que assistem a atrocidades cometidas em todo o mundo, por causa de rivalidades históricas, de preconceitos raciais, de desejos de vingança, da sede de poder, da avidez de possuir, do egoísmo, da falta de respeito pela vida humana e pelos direitos humanos. Os cristãos lamentam estes fatos e as suas motivações. Mas são chamados a fazer muito mais; devem esforçar-se para vencer o mal com o bem (cf. Rm 12,21).

A resposta cristã ao mal é, antes de tudo, escutar atentamente a Boa-Nova e tornar sempre mais presente a mensagem de salvação de Deus em Jesus Cristo. Os cristãos têm a 'Boa-Nova' para anunciar, a mensagem de Cristo; e a sua alegria é de partilhar esta mensagem com cada homem ou mulher de boa vontade que esteja preparado para escutar" (1992).

Nesse sentido, João Paulo II incentiva a todos a expressar suas legítimas preocupações aos produtores e aos responsáveis pelos meios de comunicação social: "Às vezes será útil unir-se a outros, formando associações que representem os seus interesses, em relação aos meios de comunicação, aos financiadores, aos patrocinadores e às autoridades públicas" (1994).

Educação crítica: um grande desafio

"Devemo-nos perguntar, especialmente na circunstância deste 'Dia', se a própria 'ação pastoral' conseguiu levar a bom termo tudo o que lhe foi pedido no setor dos *mass media*! A propósito, convém lembrar, além do documento *Communio et progressio*, também o que se disse no Sínodo dos Bispos em 1977 – ratificado pela Exortação

Apostólica *Catechesi tradendae* – e o que foi levantado no Sínodo dos Bispos sobre os problemas da família, concluído em outubro de 1980" (1981).

"O que fizeram a teologia e a prática pastoral, a organização da catequese, a escola – especialmente a escola católica –, as associações e os grupos católicos, concretamente, para este ponto nuclear?

É preciso que se intensifique a ação direta na formação de uma consciência 'crítica', que incida sobre as atitudes e os comportamentos não somente dos católicos ou dos irmãos cristãos – defensores, por convicção ou por missão, da liberdade e da dignidade da pessoa humana –, mas de todos os homens e mulheres, adultos e jovens, para que saibamos verdadeiramente 'ver, julgar e agir' como pessoas livres e responsáveis, também – diria sobretudo –, na produção e nas escolhas que digam respeito aos meios de comunicação social.

O Pentecostes é apenas o começo. Mesmo quando ameaçados por represálias, os Apóstolos não deixam de proclamar o Senhor: 'Quanto a nós, não podemos deixar de afirmar o que vimos e ouvimos' (At 4,20), afirmam Pedro e João perante o Sinédrio. Na realidade, até mesmo os julgamentos se tornam instrumentos para a missão: quando uma violenta perseguição se desencadeia em Jerusalém após o martírio de Santo Estêvão, obrigando os seguidores de Cristo a fugir, 'os que tinham sido dispersos foram de aldeia em aldeia, anunciando a palavra da Boa-Nova' (At 8,4).

Sem dúvida, uma resposta efetiva a esta situação compromete não só os meios de comunicação; contudo, ao lutarem para enfrentar este desafio, os cristãos não podem absolutamente ignorar o mundo das comunicações sociais. Com efeito, os *mass media* de todos os tipos podem desempenhar um papel essencial na evangelização direta e na transmissão aos povos das verdades e dos valores que salvaguardam e enobrecem a dignidade humana. A presença da Igreja nos *mass media* é efetivamente um importante aspecto da inculturação do Evangelho, exigida pela nova evangelização, para a qual o Espírito Santo está a exortar a Igreja no mundo inteiro.

Enquanto toda a Igreja procura prestar atenção ao chamamento do Espírito, os comunicadores cristãos têm 'uma tarefa profética, uma vocação: falar contra os falsos deuses e ídolos do nosso tempo – materialismo, hedonismo, nacionalismo exasperado, etc.' (*Ética nas Comunicações*, n. 31). Sobretudo, eles têm o dever e o privilégio de declarar a verdade – a verdade gloriosa acerca da vida humana e do destino do homem, revelado no Verbo que se fez homem. Oxalá os católicos comprometidos no mundo das comunicações sociais anunciem a verdade de Jesus cada vez mais corajosa e impavidamente sobre os telhados, de tal maneira que todos os homens e mulheres possam ouvir falar do amor que está na autocomunicação de Deus em Jesus Cristo, o mesmo ontem, hoje e para toda a eternidade (cf. Hb 13,8)" (2002).

CAPÍTULO III

AMOR-ATENÇÃO AOS COMUNICADORES

Um testemunho. Ano do Jubileu-2000. Jubileu para os jornalistas – 4 de junho 2000. Encontrava-me em Roma e pude, então, participar da celebração no auditório Paulo VI, juntamente com aproximadamente 4 mil jornalistas.

Vi João Paulo II entrando no auditório, já bastante alquebrado, e num gesto inesquecível, rodeava sua bengala no ar, para saudar os jornalistas que, em pé, o aplaudiam. Senti maior comoção ainda, quando, talvez pela primeira vez, a Igreja agradecia o trabalho dos comunicadores, de uma forma tão solene e gratuita.

E disse João Paulo II: "Desejei ardentemente este encontro convosco, queridos jornalistas, não somente pela alegria de acompanhar o vosso caminho jubilar, como estou fazendo com muitos outros grupos, mas também pelo desejo de cumprir uma dívida pessoal de gratidão aos inumeráveis profissionais que, ao longo dos anos do meu Pontificado, se prodigalizaram em vista de fazer conhecer palavras e fatos do meu ministério. Por todo este empenho, pela objetividade e amabilidade que caracterizaram uma boa parte deste serviço, estou profundamente grato e peço ao Senhor que conceda a cada um a propícia recompensa" (Discurso proferido em 04/06/2000).

Percorrendo as mensagens de João Paulo II para o Dia Mundial das Comunicações, na fidelidade de 27 anos, os comunicadores, profissionais da comunicação, operadores da comunicação (nas mais diversas expressões) sempre estiveram presentes na atenção, na orientação para os seus deveres como profissionais da comunicação. E, sobretudo, com muito amor: "A minha especial Bênção Apostólica vai hoje para todos os que trabalham no campo das comunicações sociais" (1980). Eles sempre estiveram no coração do Papa.

Referindo-se às famílias, na compreensão dos valores em meio às transformações da sociedade, diz: "É óbvio que, neste delicado esforço, as famílias devem poder contar, em não pequena medida, com a boa vontade, a retidão e o sentido de responsabilidade dos profissionais dos *media* – editores, escritores, produtores, diretores, dramaturgos, informadores, comentadores e atores, categorias, todas estas, em que é dominadora a presença dos leigos. A todos estes, homens e mulheres, quero repetir o que disse o ano passado durante uma das minhas viagens: 'As grandes forças que dominam o mundo – política, *mass media*, ciência, tecnologia, cultura, educação, indústria e trabalho – são precisamente os setores nos quais os leigos são especificamente competentes para exercer a sua missão' (*Limerick*, 1º de outubro de 1979).

Não há dúvida de que os *mass media* constituem hoje uma das grandes forças que governam o mundo, e que neste setor um número crescente de pessoas, bem dotadas e altamente preparadas, é chamado a encontrar o próprio trabalho e a possibilidade de exercitar a própria vocação. A Igreja pensa nelas com afeto solícito e respeitoso e reza por elas. Poucas profissões requerem tanta energia, dedicação, integridade e responsabilidade como esta, mas, ao mesmo tempo, são poucas as profissões que têm igual reflexo sobre os destinos da humanidade.

Um convite especial a todos aqueles que estão empenhados nas atividades relacionadas com os instrumentos da comunicação social a associarem-se à Igreja neste Dia de reflexão e oração. Rezemos juntos a Deus a fim de que estes nossos Irmãos progridam na consciência das suas grandes possibilidades de servir à humanidade e orientar o mundo para o bem; rezemos ao Senhor para que lhes dê a compreensão, a sabedoria e a coragem de que têm necessidade para poder responder às suas graves responsabilidades; rezemos para que estejam sempre atentos às necessidades dos receptores, que em grande parte são componentes de famílias como as suas, formadas não raro de pais cansados em excesso após um dia de trabalho, para poderem estar suficientemente vigilantes, e formadas de filhos cheios de confiança em si, impressionáveis e facilmente vulneráveis. Recordando tudo isto, eles terão também presentes as enormes ressonâncias que o seu trabalho pode ter quer no bem quer no mal, e evitarão ser incoerentes consigo mesmos e infiéis à sua particular vocação" (1980).

"Chamar a atenção dos operadores dos *mass media* para o empenho exigido pelo amor, a justiça e a verdade, junto com a liberdade, é um dever de meu 'serviço pastoral'. No nosso mundo é difícil imaginar operadores de *mass media* fora das próprias matrizes culturais; isto, porém, não deve fazer que se imponham a terceiros a ideologia pessoal. O operador deve desenvolver um serviço o mais possível objetivo e não se transformar em 'persuasor oculto' por interesse do grupo, por conformismo, pelo dinheiro" (1981).

Em 1982, Ano Internacional do Idoso, João Paulo II volta-se também para os comunicadores: "os operadores da comunicação social, com relação aos idosos, têm uma missão a cumprir, muito importante, diria mesmo insubstituível. Justamente os meios de comunicação social, de fato, com a universalidade de seu raio de ação e a 'penetratividade' de sua mensagem, podem, com rapidez e eloquência, chamar a atenção e a reflexão de todos sobre os idosos e sobre suas condições de vida. Só uma sociedade consciente, salutarmente sacudida e mobilizada, poderá buscar endereçamentos e soluções que respondam eficazmente às novas necessidades.

Os operadores da comunicação social podem, então, contribuir grandemente para demolir algumas impressões unilaterais da juventude, dando novamente à idade madura e à velhice o sentido da própria utilidade, e oferecendo à sociedade modelos de pensamento e de hierarquia de valores que valorizem a pessoa do idoso. Eles, além disso, têm a possibilidade de lembrar oportunamente à opinião pública que, ao lado do problema do 'justo salário', existe também o problema da 'justa pensão', que é igualmente parte da 'justiça social'" (1982).

Com referência à paz, o Papa é enfático em afirmar também que a comunicação social promove a paz: "[...] se os profissionais da informação são operadores de paz. A responsabilidade peculiar e os insubstituíveis deveres que os comunicadores têm com relação à paz deduzem-se da consideração sobre a capacidade e o poder que eles detêm de influenciar, por vezes de modo decisivo, a opinião pública e os próprios governantes.

Aos operadores da comunicação devem ser garantidos, para o exercício das suas importantes funções, direitos fundamentais, como o acesso às fontes de informação e a faculdade de apresentar os fatos objetivamente. Por outro lado, é também necessário que os operadores da comunicação superem as exigências de uma ética concebida numa mentalidade meramente individualista e, sobretudo, não se deixem subjugar por grupos de poder, manifestos e ocultos. Devem, pelo contrário, ter em mente que, além e acima das responsabilidades contratuais nas relações dos órgãos de informação e das responsabilidades legais, têm também deveres estritos para com a verdade, para com o público e para com o bem comum da sociedade.

Se no exercício de seu dever, que é uma verdadeira missão, os comunicadores sociais souberem promover a informação serena e imparcial, promover o mútuo entendimento e o diálogo, reforçar a compreensão e a solidariedade, terão dado uma magnífica contribuição para a causa da paz" (1983).

Incentivando para que as comunicações sociais sejam instrumento de encontro entre fé e cultura, João Paulo II lança também uma orientação: "[...] neste ponto o meu apelo se torna aflito e se dirige a todos os operadores da comunicação social, de qualquer latitude e de qualquer religião.

Operadores da comunicação, não deem uma imagem mutilada do homem, distorcida, fechada aos autênticos valores humanos! Abram espaço para o transcendente, que torna o homem mais homem! Não zombem dos valores religiosos, não os ignorem, não os interpretem conforme esquemas ideológicos! A informação seja sempre inspirada em critérios de verdade e de justiça, sentindo o dever de retificar e de reparar quando perceberem haver incorrido em erros. Não corrompam a sociedade e, especialmente, os jovens, com a representação intencional e insistente do mal, da violência, do aviltamento moral, fazendo uma obra de manipulação ideológica, semeando a divisão! Saibam, todos os operadores dos *mass media*, que as mensagens chegam a uma massa que é tal pelo número dos seus componentes, cada um dos quais, porém, é um homem, pessoa concreta e irrepetível, que deve ser reconhecida e respeitada como tal. Numa palavra: empenhem-se em promover uma cultura que vise verdadeiramente ao homem, conscientes de que, fazendo assim, facilitarão o encontro com a fé, da qual ninguém deve ter medo" (1984).

Reconhecendo, ainda, o trabalho árduo dos comunicadores, em 1986, referindo-se à formação da opinião pública, o Papa volta-se para eles, com um cuidado especial: "[...] concluo esta mensagem com uma bênção especial para todos os que trabalham no campo da comunicação social com espírito cristão de serviço à verdade e de promoção dos valores morais e religiosos. Garantindo-lhes a minha oração, desejo encorajá-los neste trabalho, que exige coragem e coerência e que é um serviço à verdade e à liberdade. É, de fato, a verdade que torna livres os homens (cf. Jo 8,32). Por isso, trabalhar para a formação de uma opinião pública conforme a verdade é trabalhar para o crescimento da liberdade".

Consciente de que as comunicações de massa desenvolvem-se vertiginosamente, João Paulo II declara que "[...] os liames que elas criam entre os povos e culturas representam, também, a sua contribuição mais preciosa. Mas sei que vós mesmos, os comunicadores, tendes consciência dos efeitos perversos que ameaçam desnaturar estas relações entre povos e entre culturas. A exaltação de si, o desprezo e a rejeição dos que são diferentes podem agravar as tensões ou as divisões. Gerando violência, estas atitudes distorcem e destroem a verdadeira comunicação, tornando impossível qualquer relação fraterna.

Para que possam existir uma fraternidade e uma solidariedade humana, e a mais forte razão para que se acentue sua dimensão cristã, é preciso que se reconheçam os valores elementares que elas subentendem. Recordo alguns: o respeito pelo outro, o sentido do diálogo, a justiça, a justificativa ética da vida pessoal e comunitária, a liberdade, a igualdade, a paz na unidade, a promoção da dignidade da pessoa humana, a capacidade de participação e de partilha.

Cabe aos artífices da comunicação de massa utilizar as técnicas e os meios à sua disposição com referência constante a uma consciência clara destes valores primários. E João Paulo II menciona algumas aplicações concretas: as agências de informação, a difusão radiofônica da palavra, os programas de televisão, que abordam quase todos os aspectos da vida, e as redes se prestam a inumeráveis interconexões; quanto mais se considera sua influência, tanto mais se impõe aos seus responsáveis a postura ética, para oferecer às pessoas e às comunidades imagens que favoreçam a integração das culturas, sem intolerância nem violência, a serviço da unidade; a informática sempre mais presente, nas atividades econômicas e culturais; conceber espetáculos para divulgar através dos vários meios audiovisuais implica o respeito às consciências dos inumeráveis 'espectadores'; a comunicação publicitária desperta e desenvolve desejos e cria necessidades: os que a produzem ou a realizam devem lembrar-se das pessoas menos favorecidas para as quais os bens propostos permanecem inatingíveis.

Qualquer que seja o modo de intervenção, é necessário que os comunicadores observem um código de honra, que sejam conscientes da responsabilidade de difundir a verdade sobre o homem, que contribuam para uma nova ordem moral da informação e da comunicação" (1988).

Mídia e religião

"A questão que a Igreja se coloca não é mais a de saber se o homem da rua pode ainda receber uma mensagem religiosa, mas a de encontrar linguagens de comunicação melhores para obter o maior impacto possível da mensagem evangélica. O Senhor nos encoraja diretamente, e muito simplesmente, a prosseguir no caminho do testemunho e da comunicação mais ampla: 'Não tenhais medo deles [...] o que escutais ao pé do ouvido, proclamai-o sobre os telhados!' (Mt 10,26-27). Do que se trata? O evangelista retoma assim: 'Declarar-se por [Cristo] diante dos homens' (cf. Mt 10,32). Eis, pois, a audácia ao mesmo tempo humilde e serena que inspira a presença cristã em meio ao diálogo público dos *mass media*! São Paulo nos diz: 'Anunciar o Evangelho não é para mim motivo de glória. E antes uma necessidade que se me impõe' (1Cor 9,16).

Operadores dos *mass media*, estes poucos traços de sabedoria bíblica far-vos-ão compreender que o grande desafio do testemunho religioso no diálogo público é o da autenticidade das mensagens e dos intercâmbios, bem como o desafio da qualidade dos programas e das produções.

Em nome de toda a Igreja desejo agradecer o mundo da comunicação pelo espaço que oferece à religião nos *mass media*. Externando esta gratidão, estou certo de interpretar o sentimento de todas as pessoas de boa vontade, mesmo que, muitas vezes, possa parecer que a presença cristã no debate público deva ser melhorada. Ficarei feliz de emprestar minha voz para dizer um muito obrigado pelo espaço concedido à religião na informação, na documentação, no diálogo, na coleta de dados.

Queria também pedir a todos os operadores da comunicação que se mostrem, com a sua deontologia, profissionalmente dignos das ocasiões que lhe são oferecidas de apresentar a mensagem de esperança e de reconciliação com Deus, no meio dos *mass media* de qualquer tipo. Os 'dons de Deus' (cf. Pio XII, *Miranda prorsus*) não são, aqui, o misterioso encontro entre as possibilidades tecnológicas das linguagens da comunicação e a abertura do espírito à iniciativa luminosa do Senhor nos seus testemunhos? E neste nível que se coloca a qualidade da nossa presença eclesial no debate público.

Pensando em tudo isso, formulo com simplicidade e com confiança uma proposta que me vem do coração e se inspira no mesmo sentimento de amizade com o qual Paulo se dirige a Filêmon: 'Escrevo-te, contando com a tua obediência e sabendo que farás ainda mais do que peço' (Fm 1,21). Eis a minha proposta: dai à religião todo o espaço que julgais desejável na comunicação de massa: 'Abre as portas [...]: tu lhe conservas a paz' (cf. Is 26,2a.3a). É isto que peço em favor da religião. Vereis, caros amigos, que estes temas religiosos vos apaixonarão, à medida que forem apresentados com profundidade espiritual e com competência profissional. Aberta à mensagem religiosa, a comunicação lucrará em qualidade e interesse! Aos operadores eclesiais dos *mass media*, repito: não tenhais medo; 'recebestes o Espírito que, por adoção, vos torna filhos, e no qual clama-mos: *Abbá, Pai!*' (cf. Rm 8,15).

Ao concluir a mensagem, não posso deixar de encorajar todos os que levam a sério o apostolado da comunicação, a empenhar-se com entusiasmo, no respeito de cada um, na grande obra da evangelização oferecida a todos os homens: 'Tu, vai e anuncia o Reino de Deus' (Lc 9,60). Não podemos deixar de dizer qual é a mensagem nova, porque é proclamando e vivendo a Palavra que nós próprios compreenderemos as profundidades inenarráveis do dom de Deus.

No acolhimento da vontade de Deus e com confiança, digo-vos a todos, operadores e público, a minha alegria diante do extraordinário espetáculo dos liames criados muito além das distâncias e 'muito acima dos tetos' para tomar parte na busca e aprofundamento de uma 'religião pura e genuína'" (1989).

Homens e mulheres de esperança

Já em preparação ao grande Jubileu (2000), o Papa convida a todos a, sustentados pelo Espírito, comunicar esperança. Voltando-se para os profissionais da comunicação, afirma que os comunicadores cristãos transmitem uma esperança crível, quando são os primeiros a vivê-la pessoalmente, o que só se verifica se forem homens e mulheres de oração: "Reforçada pelo Espírito Santo, a oração permitir-nos-á estar 'sempre prontos a dar a razão da esperança a todo aquele que interpelar' (cf. 1Pd 3,15). Desse modo, o comunicador cristão aprende a apresentar a mensagem de esperança aos homens e às mulheres do nosso tempo com a força da verdade" (1998).

"Deixai-nos olhar com muita esperança para o próximo Milênio, animados pela confiança de que haverá pessoas, na Igreja e nos meios de comunicação social, que estarão prontas a cooperar a fim de garantir que a promessa possa prevalecer sobre a ameaça, e a comunicação sobre a alienação. Isto dará a garantia de que o mundo da mídia se tornará uma presença cada vez mais amiga para todos os povos, apresentando-lhes 'notícias' dignas de serem recordadas, uma informação cheia de sabedoria e um divertimento que suscita a alegria. Garantirá também um mundo no qual a Igreja e os meios de comunicação possam trabalhar juntos para o bem da humanidade. Eis o que é preciso para que o poder da mídia não seja uma força que destrói, mas um amor que cria, um amor que reflete o amor de Deus, 'Pai de todos, que está acima de todos, atua por meio de todos e Se encontra em todos' (Ef 4,6).

Possam, quantos trabalham no mundo das comunicações sociais, conhecer a alegria da fraternidade, para que, conhecendo o amor de Deus, lhes seja permitido tratar com amor todos os homens e mulheres ao longo da sua peregrinação rumo à casa do Pai, ao Qual é dada toda a honra, glória e ação de graças, com o Filho e o Espírito Santo, pelos séculos dos séculos" (1999).

Ao longo de todas as suas mensagens, João Paulo II insiste: "[...] as apresentações dos meios de comunicação deverão chamar a atenção para as necessidades humanas autênticas, especialmente das pessoas débeis, vulneráveis e marginalizadas, o que pode tornar-se uma autêntica proclamação do Evangelho. Mas, para além desta proclamação implícita, os comunicadores cristãos deveriam encontrar modos de falar explicitamente de Jesus crucificado e ressuscitado, do seu triunfo sobre o pecado e a morte, de forma adequada ao meio utilizado e às características do auditório.

Para um bom desempenho desta tarefa exige-se formação e qualidades profissionais. Mas também algo mais. Para dar testemunho de Cristo é necessário fazer a sua descoberta e cultivar uma relação pessoal com Ele através da oração, da Eucaristia e do sacramento da reconciliação, da leitura e reflexão da Palavra de Deus, do estudo da doutrina cristã e mediante o serviço prestado ao próximo. Em todo caso, para se conseguirem resultados autênticos, tudo deverá ser alcançado mais por obra do Espírito Santo do que pelos nossos meios.

Proclamar Cristo não é só um dever, é também um privilégio: 'A passagem dos crentes para o terceiro milênio não se ressente de forma alguma do cansaço que o peso de 2000 anos de história poderia acarretar consigo; antes, os cristãos sentem-se revigorados com a certeza de levarem ao mundo a luz verdadeira, Cristo Senhor. Ao anunciar Jesus de Nazaré, verdadeiro Deus e perfeito Homem, a Igreja oferece a todo ser humano a perspectiva de ser *divinizado* e, dessa forma, tornar-se mais homem' (*Incarnationis mysterium*, n. 2)" (2000).

"Enquanto toda a Igreja procura prestar atenção ao chamamento do Espírito, os comunicadores cristãos têm 'uma tarefa profética, uma vocação: falar contra os falsos deuses e ídolos do nosso tempo – materialismo, hedonismo, nacionalismo exasperado, etc.' (*Ética nas Comunicações*, n. 31). Sobretudo, eles têm o dever e o privilégio de declarar a verdade – a verdade gloriosa acerca da vida humana e do destino do homem, revelado no Verbo que se fez homem. Oxalá os católicos comprometidos no mundo das comunicações sociais anunciem a verdade de Jesus cada vez mais corajosa e impavidamente sobre os telhados, de tal maneira que todos os homens e mulheres possam ouvir falar do amor que está na auto-comunicação de Deus em Jesus Cristo, o mesmo ontem, hoje e para toda a eternidade (cf. Hb 13,8)" (2001).

Em 2003, por ocasião do 40º aniversário da encíclica *Pacem in terris* de João XXIII, João Paulo II dedica sua mensagem ao tema vasto e rico do documento que aborda questões de paz, justiça, liberdade entre outros. Dirigindo-se aos comunicadores, diz que: "[...] embora tudo isto seja um grande desafio, não significa de modo algum que é demasiado pedir aos homens e às mulheres dos *mass media* que o enfrentem. Com efeito, por vocação e por profissão, eles são chamados a tornar-se agentes da verdade, justiça, liberdade e amor, contribuindo com o seu importante trabalho para uma ordem social 'fundada na verdade, construída segundo a justiça, alimentada e consumada na caridade, realizada sob os auspícios da liberdade' (*Pacem in terris*, n. 166). Por conseguinte, a minha oração no Dia Mundial das Comunicações deste ano é para que os homens e as mulheres dos *mass media* estejam cada vez mais plenamente à altura do desafio da sua vocação: o serviço ao bem comum universal. O seu cumprimento pessoal e a paz e a felicidade do mundo dependem em grande medida disto. Deus os abençoe com a luz e a coragem".

Trazendo como tema *Os mass media na família: um risco e uma riqueza*, o Papa enfatiza que: "[...] a reflexão conscienciosa sobre a dimensão ética das comunicações deveria conduzir a iniciativas concretas, destinadas a eliminar os riscos contra o bem-estar da família, apresentados pelos *mass media*, e assegurando que estes poderosos instrumentos da comunicação permaneçam como fontes genuínas de enriquecimento. Os próprios comunicadores, as autoridades públicas e os pais têm uma responsabilidade especial a este propósito.

O Papa Paulo VI ressaltava que os comunicadores profissionais deveriam 'conhecer e respeitar as necessidades da família, e isto pressupõe neles, por vezes, uma coragem verdadeira e sempre um elevado sentido de responsabilidade' (*Mensagem para o Dia Mundial das Comunicações Sociais de 1969*). Não é fácil resistir às pressões comerciais ou às reivindicações de conformidade com as ideologias seculares, mas é isto que os comunicadores responsáveis devem fazer. A aposta é grande, dado que cada ataque contra o valor fundamental da família constitui um ataque contra o verdadeiro bem da humanidade.

Encorajo tanto as comunidades profissionais como as famílias a reconhecer o privilégio e a responsabilidade singulares que isto comporta. Que todas as pessoas comprometidas no campo das comunicações reconheçam que são verdadeiramente 'responsáveis e administradores de um poder espiritual enorme, que pertence ao patrimônio da humanidade e que está destinado a enriquecer toda a comunidade humana' (*Discurso aos especialistas das comunicações*, Los Angeles, 15 de setembro de 1987, n. 8). E que as famílias sejam sempre capazes de encontrar nos *mass media* uma fonte de ajuda, de encorajamento e de inspiração, enquanto lutam para viver como comunidade de vida e de amor, para formar os jovens nos valores morais sólidos e para fazer progredir uma cultura de solidariedade, liberdade e paz" (2004).

E finaliza com a mensagem (a última, de 2005): "[...] minha Oração na Jornada Mundial das Comunicações Sociais deste ano é que os homens e as mulheres dos meios de comunicação assumam seu papel para derrubarem os muros da divisão e a inimizade em nosso mundo, muros que separam os povos e as nações entre si e alimentam a incompreensão e a desconfiança. Oxalá usem os recursos que têm à sua disposição para fortalecer os vínculos de amizade e amor que são sinais claros do nascente Reino de Deus aqui na terra!".

CAPÍTULO IV

A EVANGELIZAÇÃO DIANTE DE OUTRA PORTA DE ENTRADA

Atualmente, com a revolução das comunicações e da informática em pleno desenvolvimento, sem dúvida a Igreja encontra-se diante de outra porta de entrada.

A Igreja, que teve início no dia do Pentecostes, quando os Apóstolos, no poder do Espírito Santo, partiram pelas ruas de Jerusalém para pregar o Evangelho de Jesus Cristo em muitas línguas (cf. At 2,5-11), dá, em todos os tempos, continuidade à missão que lhe foi confiada pelo próprio Jesus. Esta missão evangelizadora espalhou-se pelos quatro cantos da terra, na medida em que o Cristianismo se enraizava em muitos lugares e aprendia a falar as diversas línguas do mundo, sempre em obediência ao mandato de Cristo de anunciar o Evangelho a todas as nações (cf. Mt 28,19-20).

Entretanto, como já afirmamos nesta obra, citando João Paulo II, a história da evangelização não é apenas uma questão de expansão geográfica. Muitos são os confins que a Igreja teve de ultrapassar, também confins culturais. Esforço que exigiu renovadas energia e imaginação na proclamação do único Evangelho de Jesus Cristo. É bom recordar que a época das grandes descobertas, a Renascença e a invenção da imprensa, a Revolução Industrial e o nascimento do novo mundo também foram momentos de vanguarda, que exigiram novas formas de evangelização. Atualmente, com a revolução das comunicações e da informática em pleno desenvolvimento, sem dúvida *a Igreja encontra-se diante de outra porta de entrada*.[1] Por conseguinte, neste Dia Mundial das Comunicações de 2002, diz o Papa, é oportuno refletirmos sobre o tema: "Internet: um novo foro para a proclamação do Evangelho".[2]

Referindo-se à Internet, compara-o como um novo "foro", entendido no antigo sentido romano do lugar público em que se decidia sobre a política e o comércio, onde se cumpriam os deveres, se desenrolava uma boa parte da vida social da cidade e se expunham os melhores e os piores aspectos da natureza humana. Tratava-se de um espaço urbano apinhado e movimentado, que refletia a cultura circunvizinha e criava uma cultura que lhe era própria. Assim é o espaço cibernético, isto é, uma nova fronteira que se abre no início deste novo milênio. Assim como as novas fronteiras dos outros tempos, também esta está cheia da ligação entre perigos e promessas, e não é desprovida do sentido de aventura que caracterizou os outros grandes períodos de mudança. Para a Igreja, o novo mundo do espaço cibernético é uma exortação à grande aventura do uso do seu potencial para proclamar a mensagem evangélica. Este desafio está no centro do que significa, no início do milênio, seguir o mandato do Senhor, de "fazer-se ao largo": *Duc in altum!* (Lc 5,4).

Se usada com competência e uma clara consciência das suas forças e debilidades, a Internet pode oferecer magníficas oportunidades de evangelização. Sobretudo, oferecendo informações e suscitando o interesse, ela torna possível um encontro inicial com a mensagem cristã, de maneira especial entre os jovens que, cada vez mais, consideram o espaço cibernético como uma janela para o mundo. Portanto, é importante que a comunidade cristã descubra formas

---

[1] A ênfase é minha.

[2] Ainda não se encontrava desenvolvido o mundo digital das redes sociais, cujas considerações o Papa Bento XVI vem se ocupando atualmente, em suas mensagens, por ocasião do Dia Mundial das Comunicações.

muito especiais de ajudar aqueles que, pela primeira vez, entram em contato com a Internet, a passar do mundo virtual do espaço cibernético para o mundo real da comunidade cristã.

Especialmente numa cultura desprovida de fundamentos, a vida cristã exige a instrução e a catequese permanentes, e este é, talvez, o campo em que a Internet pode oferecer uma ajuda excelente. Na "Net" já existem inúmeras fontes de informação, documentação e educação sobre a Igreja, a sua história e a sua tradição, a sua doutrina e o seu compromisso em todos os setores, em todas as partes do mundo. Assim é óbvio que, apesar de a Internet nunca poder substituir aquela profunda experiência de Deus, que só a vida concreta, litúrgica e sacramental da Igreja pode oferecer, ela pode certamente contribuir com um suplemento e um apoio singulares, tanto preparando para o encontro com Cristo na comunidade como ajudando o novo crente na caminhada de fé, que então tem início.

Entretanto, diz João Paulo II, é preciso nunca perder de vista que: "[...] a essência da Internet é a sua oferta de um fluxo quase infinito de informação que, na sua maioria, passa num instante. Numa sociedade que se alimenta do que é efêmero, corre-se facilmente o risco de acreditar que o que importa são os fatos, e não os valores. A Internet oferece vastos conhecimentos, mas não ensina valores; e quando estes são ignorados, a nossa própria humanidade é diminuída e o homem facilmente perde de vista a sua dignidade transcendente. Apesar do seu enorme potencial para o bem, alguns dos modos degradantes e prejudiciais em que a Internet pode ser usada já são óbvios para todos, e as autoridades públicas têm certamente a responsabilidade de garantir que este instrumento maravilhoso sirva o bem comum e não se torne uma fonte de prejuízo.

Por todas as oportunidades de evangelização que se pode desenvolver na Internet, a Igreja acredita e está determinada a entrar neste novo foro, armada com o Evangelho de Cristo, o Príncipe da Paz. Por conseguinte, neste Dia Mundial das Comunicações, ouso exortar toda a Igreja a ultrapassar com coragem este novo limiar, para se fazer ao largo na 'Net', de tal maneira que no presente, assim como foi no passado, o grande compromisso do Evangelho e da cultura possa mostrar ao mundo 'a glória de Deus e o rosto de Cristo' (2Cor 4,6). O Senhor abençoe todos aqueles que trabalham em ordem a esta finalidade" (2002).

CAPÍTULO V

O ÚLTIMO PRESENTE DE JOÃO PAULO II

O rápido desenvolvimento no campo das tecnologias

A Carta Apostólica *O rápido desenvolvimento* foi escrita por João Paulo II e publicada ao mundo no dia 24 de janeiro 2005, em memória de São Francisco de Sales, padroeiro dos jornalistas. Trata-se da última Carta de João Paulo II, pois ele veio a falecer em abril do mesmo ano. Podemos considerá-la como o seu último legado à humanidade. Preocupação-interesse do Pontífice sobre a comunicação. Tal Carta é dedicada, sobretudo, aos responsáveis pelas comunicações sociais.

Numa tonalidade positiva a respeito das comunicações sociais, o Papa demonstra estar consciente do rápido desenvolvimento das tecnologias no campo da mídia e retoma o pensamento do magistério da Igreja sobre a comunicação, a partir do "marco referencial" *Inter mirifica*, aprovada no Concílio Vaticano II (1963). E afirma que, "após 40 anos de sua publicação, houve um caminho fecundo, mas, também, vivemos um tempo oportuno para continuamente voltar a refletir sobre os desafios crescentes que se apresentam". Neste sentido, o pontífice refere-se às palavras de Paulo VI, na *Evangelii*

Nuntiandi (35), enfatizando que a Igreja "se sentiria culpável diante do seu Senhor se não usasse estes poderosos meios".

Entretanto, entre os desafios elencados por João Paulo II, figura aquele que parece ser o mais complexo, devido às atitudes habituais da Igreja em somente usar os meios, ou seja, o de compreender que a Igreja "não está chamada unicamente a usar os *mass media* para difundir o Evangelho, mas, hoje, como nunca, é chamada também a integrar a mensagem salvífica na 'nova cultura' que os poderosos instrumentos da comunicação criam e amplificam".

O campo da mídia é cheio de potencialidades, por isso o Papa realça suas palavras na Carta Encíclica *Redemptoris Missio*, afirmando que "o primeiro areópago do mundo moderno é o mundo da comunicação" (37). Nesse mundo, está o ser humano, que a mídia deve ter em conta promovendo a justiça e a solidariedade. A primeira parte da Carta Apostólica finaliza chamando atenção para os critérios supremos da verdade e da justiça, na prática da liberdade e da responsabilidade. Estes, enfatiza João Paulo, "constituem o horizonte em cujo âmbito se situa uma autêntica deontologia na fruição dos modernos e poderosos meios de comunicação".

Oxalá os vários grupos de estudos, os seminários, enfim a Teologia e a Pastoral da Comunicação possam levar em conta o estudo da cultura da comunicação e a necessidade de uma deontologia no campo da mídia! A Igreja, em primeiro lugar, deve promover o debate sobre tais assuntos.

Discernimento evangélico e compromisso missionário

Na consideração da Carta Apostólica *O rápido desenvolvimento*, encontramos, em continuação, o fundamento teológico e eclesial da comunicação, enfatizados por João Paulo II, pois assim, afirma o Papa: "Também o mundo da mídia tem necessidade da redenção de Cristo". Os processos e o valor das comunicações sociais, analisados do ponto de vista da fé, encontram seu fundamento na Sagrada Escritura. Esta "se apresenta como um 'grande código' de comunicação de uma mensagem" que não é efêmera, não passa com o tempo e nem se transforma segundo a diversidade das ocasiões. Trata-se da história da salvação onde acontece a verdadeira comunicação: aquela de Deus com o homem.

É na comunicação entre Deus e a humanidade, quando o Verbo se fez um de nós, que acontece o ato de amor perfeito "através do qual Deus se revela, juntamente com a resposta de fé da humanidade". Tal atitude se transforma em um diálogo fecundo. É neste diálogo de amor que compreendemos e aprendemos "a comunicar com Deus e com os homens através dos maravilhosos instrumentos da comunicação social". Com os *mass media*, então, enfatiza o Papa, revelam-se oportunidades para alcançar as pessoas em todas as partes do universo, vencendo barreiras de tempo, de espaço e de língua. É possível, então, formular os conteúdos da fé e as metas seguras para entrar em diálogo com o Criador, "revelado em Jesus Cristo".

Se contemplamos Jesus, por sua vez, ele nos dá o exemplo de comunicação com o Pai e com as pessoas, "quer vivendo momentos de silêncio e de recolhimento, quer pregando em todos os lugares e com as várias linguagens possíveis". Uma comunicação contínua de Jesus que culmina na Eucaristia. Nasce, consequentemente, a comunicação que "permeia as dimensões essenciais da Igreja, chamada a anunciar a todos a Boa-Nova da salvação". É por este motivo que a Igreja assume as mais variadas oportunidades que os meios de comunicação social oferecem "como percursos dados providencialmente por Deus nos dias de hoje para aumentar a comunicação e tornar o anúncio mais incisivo".

A visão positiva de João Paulo II a respeito da comunicação, entretanto, vem acompanhada do incentivo para usar os meios "com o gênio da fé e na docilidade à luz do Espírito Santo", a fim de criarem vínculos de comunhão entre o povo de Deus.

Mudança de mentalidade e renovação pastoral

Na Carta Apostólica *O rápido desenvolvimento*, o pensamento de João Paulo II e, portanto, do Magistério da Igreja, adverte para si e para todos os cristãos a necessidade de "mudança de mentalidade e renovação pastoral" a respeito da comunicação. Na verdade, a Igreja deve considerar o uso dos meios de comunicação "como uma resposta ao mandamento do Senhor: 'Ide pelo mundo inteiro, proclamai o Evangelho a toda a criatura'" (Mc 16,15).

No contexto contemporâneo, afirma o pontífice, tal missão se constitui numa tarefa difícil e desafiante, sobretudo aos responsáveis pela educação das pessoas: pais, famílias, educadores. É justamente a atual cultura midiática que impulsiona a Igreja "a fazer uma espécie de revisão pastoral e cultural" para "ser capaz de enfrentar de maneira apropriada" e adequada a transição pela qual passamos neste início de milênio.

O pensamento da Igreja é muito explícito quanto à mudança de mentalidade e dos métodos pastorais, ao referir-se aos Pastores e, com particular responsabilidade, "às pessoas consagradas, que estão orientadas pelo seu carisma institucional ao compromisso no âmbito das comunicações sociais".

Com muita lucidez, o Papa João Paulo II volta a enfatizar o que já sugerira na década de 1990, com a Encíclica *Redemptoris Missio* (37c), que se desse a devida importância aos *mass media*, inserindo-os "com evidência na programação pastoral". Com particular ênfase nas novas tecnologias de comunicação, sobretudo nas potencialidades, por exemplo, da Internet, o Papa incentiva a que se use tal tecnologia não somente para a informação, mas também que "habituem as pessoas a uma comunicação interativa". Certamente, prossegue o Papa, "junto com os novos meios devem ser usados também outros", uma vez verificadas todas as possíveis valorizações de instrumentos tradicionais.

A preocupação maior deve sempre recair sobre a finalidade do uso dos meios de comunicação: a de tornar as pessoas conscientes da dimensão ética e moral da informação. E, finalmente, uma preocupaçã pastoral especial que a Igreja é convidada a desenvolver: uma atenção pastoral aos profissionais da comunicação. João Paulo II conclui seu pensamento com palavras realmente de pastor: "Com frequência estes homens e mulheres encontram-se perante pressões particulares e dilemas éticos; muitos deles sentem o desejo sincero de conhecer e praticar o que é justo no campo ético e moral, e esperam da Igreja orientações e apoio".

Comunicar com a força do Espírito Santo

Na última parte da Carta Apostólica, João Paulo II exorta a todos os cristãos, e principalmente os comunicadores, a "comunicar com a força do Espírito". Na verdade, é somente com a luz e a sabedoria do Espírito que se pode enfrentar o "grande desafio deste nosso tempo", o de manter "uma comunicação verídica e livre, que contribua para consolidar o progresso integral do mundo".

E ainda a sabedoria vinda do Espírito que ajuda nas escolhas e no vencer as dificuldades da comunicação, quanto às "ideologias, à sede de lucro e de poder, às rivalidades e aos conflitos entre indivíduos e grupos". Afirma o Papa que, se por um lado, as modernas tecnologias oferecem e desenvolvem com enorme velocidade a comunicação, por outro, infelizmente, "não favorecem de igual modo aquele intercâmbio frágil entre uma mente e outra, entre um coração e outro, que deve caracterizar qualquer forma de comunicação ao serviço da solidariedade e do amor".

No contexto da necessidade de discernimento e boas escolhas, no mundo da comunicação, João Paulo II lembra a todos que o apóstolo Paulo oferece uma mensagem incisiva a todos que estão comprometidos na comunicação social, isto é, políticos, comunicadores profissionais, espectadores. A afirmação consiste no seguinte, quando Paulo se dirige aos Efésios (4,25-29): "despi-vos da mentira e diga cada um a verdade ao seu próximo, pois somos membros uns dos outros [...]. Nenhuma palavra desagradável saia da vossa boca, mas apenas a que for boa, que edifique, sempre que necessário, para que seja uma graça para aqueles que a escutam".

E João Paulo II, referindo-se aos trabalhadores da comunicação, demonstra o seu afeto e zelo de Pastor, num convite veemente a não nos deixar intimidar, e afirma: "Não tenhais medo!". E continua: "... não tenhais medo das novas tecnologias! Elas incluem-se 'entre as coisas maravilhosas' (*Inter mirifica*) que Deus pôs à nossa disposição para as descobrirmos, usarmos, fazer conhecer a verdade, também a verdade acerca do nosso destino de filhos seus, e herdeiros do seu Reino eterno".

Fazendo ressoar várias vezes o "não tenhais medo!", o Pontífice, por fim, exorta a não temer a oposição do mundo, recordando que Jesus venceu o mundo. É preciso não ter medo das próprias fraquezas, porque cremos na palavra de Jesus que disse: "Eu estarei sempre convosco, todos os dias, até o fim do mundo" (Mt 28,20). Por isso é necessário comunicar sempre a mensagem de "esperança, de graça e de amor de Cristo".

MENSAGENS DE JOÃO PAULO II

DIA MUNDIAL DAS COMUNICAÇÕES
1979-2005

"COMUNICAÇÕES SOCIAIS E DESENVOLVIMENTO DA CRIANÇA"
27 DE MAIO DE 1979

Caríssimos Irmãos e Filhos da Santa Igreja!

Com sincera confiança e esperança viva, ou seja, com os sentimentos que marcaram desde o início o meu serviço pastoral na Cátedra de Pedro, dirijo-me a vós e, em particular, a quantos entre vós se ocupam de comunicações sociais, no dia que o Concílio Vaticano II quis consagrar este importante setor (cf. Decreto *Inter mirifica*, 18).

O tema, sobre o qual desejo chamar a vossa atenção, contém exatamente um convite implícito à confiança e à esperança, porque se refere à infância, e eu de boa vontade me ocupo dele porque foi escolhido para esta circunstância especial ainda pelo meu amado predecessor Paulo VI. De fato, tendo a *Organização das Nações Unidas* proclamado o ano de 1979 como "Ano Internacional da Criança", é oportuno refletir sobre as exigências particulares desta vasta faixa de "receptores" – as crianças – e sobre as consequentes responsabilidades dos adultos e, de modo especial, dos agentes das comunicações, que tanta influência podem exercer e exercem na formação ou, infelizmente, na deformação das gerações mais jovens. Daí a gravidade e a complexidade do argumento: "As comunicações sociais pela tutela e o desenvolvimento da infância na família e na sociedade".

Sem pretender examiná-lo e ainda menos esgotá-lo nos seus vários aspectos, quero chamar a atenção, ainda que brevemente, para aquilo que a infância espera e tem o direito de obter destes instrumentos de comunicação. Fascinadas e sem defesa defronte do mundo e das pessoas adultas, as crianças naturalmente estão prontas a acolher o que lhes é oferecido, seja no bem, seja no mal. Vós, profissionais das comunicações, e particularmente vós que vos ocupais dos meios audiovisuais, bem o sabeis. As crianças são atraídas pelo "pequeno écran" e pelo "grande écran", seguem cada gesto que neles é representado e apercebem-se, antes e melhor do que qualquer outra pessoa, das emoções e dos sentimentos que deles resultam.

Como cera mole sobre a qual toda pressão, ainda que leve, deixa um traço, assim a alma das crianças está exposta a todo estímulo solicitado pela capacidade de imaginação, de fantasia, de afetividade e de instinto. Por outro lado as impressões desta idade são as que penetram mais profundamente na psicologia do ser humano e condicionam, muitas vezes de modo duradouro, as sucessivas relações consigo mesmo, com os outros e com o ambiente. Precisamente da intuição de quanto é delicada esta primeira fase da vida, é que já a ciência pagã tinha tirado a bem conhecida indicação pedagógica, segundo a qual "*maxima debetur puero reverentia*"; e é neste sentido que se evidencia, na sua severidade motivada, o aviso de Cristo: "Se alguém escandalizar um só destes pequeninos que creem em mim, seria preferível que lhe suspendessem em volta do pescoço uma mó de moinho e o lançassem nas profundezas do mar" (Mt 18,6). E certamente entre os "pequeninos", em sentido evangélico, incluem-se também e de maneira especial as crianças.

O exemplo de Cristo deve ser normativo para o crente, que deseja inspirar a sua própria vida no Evangelho. Ora Jesus apresenta-se-nos como aquele que acolhe amorosamente as crianças (cf. Mc

10,16), defende o desejo espontâneo que elas têm de se aproximar dele (cf. Mc 10,14), louva a típica e confiante simplicidade delas, porque merecedora do Reino (cf. Mt 18,3-4) e sublinha a transparência interior que tão facilmente as predispõe para a experiência de Deus (cf. Mt 18,10).

Ele não hesita em estabelecer uma equação surpreendente: "Quem receber um menino como este em meu nome, é a mim que recebe" (Mt 18,5). Como tive ocasião de escrever recentemente "O Senhor identifica-se com o mundo dos pequenos [...]. Não os domina, não os instrumentaliza; chama-os e os faz entrar no seu projeto de salvação do mundo" (cf. João Paulo II, *Mensagem ao presidente da Pontifícia Obra da Infância Missionária*).

Qual será, portanto, a atitude dos cristãos responsáveis, e nomeadamente dos pais e dos operadores dos *mass media*, conscientes dos seus deveres para com a infância? Deverão, sobretudo, ter presente o crescimento humano da criança: a pretensão de se manterem defronte a ela numa posição de "neutralidade" e de deixá-la "vir ao de cima", espontaneamente, esconde – sob a aparência do respeito pela sua personalidade – uma atitude de desinteresse perigoso.

Tal demissão perante a criança não pode aceitar-se; a infância, realmente, tem necessidade de ser ajudada no seu crescimento para a maturidade. Há grande riqueza de vida no coração da criança; ela não é, porém, capaz de sozinha distinguir as chamadas que adverte em si própria. São as pessoas adultas – pais, educadores e operadores das comunicações – que têm o dever e estão em condições de lhas fazerem descobrir. Não se parecerá cada criança com o pequeno Samuel, de quem fala a Sagrada Escritura? Incapaz de interpretar a chamada de Deus, ele pediu ajuda ao seu mestre, que lhe respondeu: "Eu não te chamei; continua a dormir" (1Sm 3,5-69). Teremos nós atitude igual, que sufoque as predisposições e as vocações para melhor, ou seremos capazes de fazer compreender a criança, à semelhança de quanto fez por fim o sacerdote Heli com Samuel: "Se te chamar ainda, dirás: 'Fala, ó Senhor, porque o teu servo te ouve'" (1Sm 3,9)?

As possibilidades e os meios de que vós, adultos, dispondes para este fim são enormes: estais em condições de colocar o espírito da criança na atitude de ouvir ou então de a adormecer e – não o queira Deus – de a intoxicar irremediavelmente. É preciso, pelo contrário, que a criança aprenda, graças também ao vosso interesse educativo, não mortificante mas sempre positivo e estimulador, as amplas possibilidades de realização pessoal, que lhe consentirão inserir-se criativamente no mundo. Vós especialmente que vos ocupais dos *mass media*, ajudai-a na sua procura cognitiva, propondo-lhe programas recreativos e culturais, em que ela encontre resposta na busca da sua identidade e da sua gradual "entrada" na comunidade humana. É, pois, também importante, nos vossos programas, não ser a criança simples aparição para enternecer os olhos cansados e desapontados dos espectadores ou ouvinte apáticos, mas ser, ao contrário, um protagonista de modelos válidos para as jovens gerações.

Ao pedir-vos tal esforço humano e "poético" (no verdadeiro sentido de capacidade criadora própria da arte), tenho bem a consciência de vos pedir implicitamente que renuncieis a certos planos de procura calculada dos máximos "índices de atenção", com o intuito de um êxito imediato. Não é acaso a verdadeira obra de arte aquela que se impõe sem ambições de êxito e nasce de uma autêntica habilidade e de uma concreta maturidade profissional? E peço-vos como irmão, não queirais também excluir da vossa produção a oportunidade de oferecer um estímulo espiritual e religioso ao coração das crianças; quer isto ser um confiante apelo de colaboração da vossa parte na missão espiritual da Igreja.

Ao mesmo tempo, dirijo-me a vós, pais e educadores, a vós catequistas e responsáveis das diferentes Associações eclesiais, para que responsavelmente queirais considerar o problema do uso dos meios de comunicação social, no que diz respeito às crianças, como coisa de importância capital, não apenas para lhes dar uma formação iluminadora que, além de lhes desenvolver o sentido crítico e – poderia dizer-se – a autodisciplina na escolha dos programas, as promova realmente no plano humano, mas também com vistas à evolução de toda a sociedade na linha da retidão, da verdade e da fraternidade.

Caríssimos Irmãos e Filhos: a infância não é um período qualquer da vida humana, que seja possível isolar artificialmente: como um filho é carne da carne dos seus pais, assim o conjunto das crianças é parte viva da sociedade. É por isso que na infância está em jogo o próprio destino de toda a vida, da "sua" e da "nossa", ou seja, a vida de todos. Serviremos, portanto, à infância, valorizando a vida e optando "em favor" da vida a todos os níveis, e ajudá-la-emos apresentando aos olhos e ao coração tão delicado e sensível das crianças o que na vida existe de mais nobre e digno.

Elevando o olhar para este ideal, parece-me encontrar o rosto dulcíssimo da Mãe de Jesus, que totalmente empenhada em servir o seu divino Filho conservava todas estas coisas no seu coração (Lc 2,51). À luz do Seu exemplo, presto homenagem à missão que a todos vós espera no campo pedagógico e, confiando que a desempenhareis com amor igual à dignidade da mesma, abençoo-vos de todo o coração.

Vaticano, 23 de maio do ano de 1979,
primeiro do meu Pontificado.

"COMPORTAMENTO ATIVO DAS FAMÍLIAS PERANTE OS MEIOS DE COMUNICAÇÃO SOCIAL"

18 DE MAIO DE 1980

Diletos Irmãos e Irmãs em Cristo!

A 18 de maio a Igreja Católica celebrará o Dia Mundial das Comunicações Sociais, em cumprimento do que foi disposto pelo Concílio Ecumênico Vaticano II, que num dos seus primeiros Documentos estabeleceu que todos os anos, em todas as dioceses, haja um Dia em que os fiéis rezem ao Senhor para que torne mais eficaz o trabalho da Igreja neste setor e para que reflita cada um sobre os próprios deveres e contribua com uma oferta para manter e incrementar as instituições e as iniciativas promovidas pela Igreja no campo das comunicações sociais.

Durante estes anos o referido Dia foi adquirindo importância crescente; em muitos países, além disso, os católicos associaram-se aos Membros de outras Comunidades cristãs para celebrá-lo, oferecendo assim um oportuno exemplo de solidariedade, conforme com o princípio ecumênico de "não fazer separadamente o que pode ser feito em conjunto". Por isso, devemos ser gratos ao Senhor.

Este ano, em sintonia com o tema do próximo Sínodo dos Bispos que considerará os problemas relativos à família nas mudadas circunstâncias dos tempos modernos, somos convidados a dirigir a nossa atenção para as relações entre os *mass media* e a família. Fenômeno que hoje diz respeito a todas as famílias também no seu íntimo é precisamente a vasta difusão dos instrumentos da comunicação social: imprensa, cinema, rádio e televisão. Já é difícil encontrar uma casa onde não tenha entrado pelo menos um destes instrumentos. Enquanto até há poucos anos a família era formada por pais e filhos, e por qualquer outra pessoa ligada por laços de parentesco ou por qualquer trabalho doméstico, hoje, em certo sentido, o círculo abriu-se à "companhia" mais ou menos habitual de anunciadores, atores, comentadores políticos e desportistas, e também às visitas de personagens importantes e famosas, pertencentes a profissões, ideologias e nacionalidades diversas.

É, este, um dado de fato que oferece extraordinária oportunidade, mas que esconde também insídias e perigos a não descuidar. A família sente hoje tensões e a crescente desorientação, características da vida social no seu conjunto. Vieram a faltar alguns fatores de estabilidade, que lhe asseguravam, no passado, uma sólida coesão interior e lhe consentiam – graças a uma completa comunhão de interesses e necessidades, e a uma convivência frequentemente não interrompida nem sequer pelo trabalho – desempenhar um papel decididamente dominante na função educativa e socializante.

Nesta situação de dificuldades e, às vezes, até de crises, os meios de comunicação social intervêm muitas vezes como fatores de novo mal-estar. As mensagens que eles transmitem não raro apresentam uma visão deformadora da natureza da família, da sua fisionomia e do seu papel educativo. Além disso, podem introduzir, entre os seus componentes, hábitos negativos de fruição distraída e superficial dos programas oferecidos, de indiferente passividade perante os seus conteúdos, de renúncia ao conforto recíproco e ao diálogo construtivo. Em particular, mediante os modelos de vida que eles apresentam, com a sugestiva eficácia da imagem, das palavras e dos sons, tendem a substituir-se à família nas tarefas de iniciar a percepção e a assimilação dos valores existenciais.

A este propósito, é necessário acentuar a crescente influência que os *mass media*, e entre estes de modo especial a televisão, exercem sobre o processo de socialização dos jovens, fornecendo uma visão do homem, do mundo e das relações com os outros, que não raro difere profundamente da visão que a família pretende transmitir. Os pais, em muitos casos, não se preocupam com isto. Atentos, em geral, a vigiar sobre as amizades que os filhos mantêm, não estão atentos na mesma medida ao que se refere às mensagens que a rádio, a televisão, os discos, a imprensa e as revistas em quadrinhos levam para a intimidade "protegida" e "segura" da sua casa. Desse modo, os *mass media* entram frequentemente na vida dos mais jovens sem aquela necessária mediação orientadora dos pais e dos outros educadores, que poderia neutralizar eventuais elementos negativos e, pelo contrário, valorizar convenientemente os não pequenos contributos positivos, capazes de servirem para o desenvolvimento harmonioso do processo educativo.

É fora de dúvida, por outro lado, que os instrumentos da comunicação social representam também uma parte preciosa de enriquecimento cultural para cada indivíduo e para a família inteira. A propósito desta última, em particular, não deve ser esquecido que eles podem contribuir para estimular o diálogo e o intercâmbio na pequena comunidade e ampliar-lhe os interesses, abrindo-a para os problemas da maior família humana; consentem, além disso, certa participação em acontecimentos religiosos distantes, que podem constituir motivo de especial conforto para os doentes e os impedidos; o sentido da universalidade da Igreja e da sua presença ativa no compromisso para a solução dos problemas dos povos torna-se mais profundo. Assim, os instrumentos da comunicação podem contribuir muito para aproximar os corações dos homens na simpatia, na compreensão e na fraternidade. A família pode abrir-se, com a ajuda deles, a sentimentos mais íntimos e mais profundos para com todo o gênero humano. Benefícios estes que não devem ser menosprezados.

A fim de que, todavia, a família possa tirar tais benefícios do uso dos *mass media* sem lhe sofrer os condicionamentos contraproducentes, é necessário que os seus componentes, e em primeiro lugar os pais, se ponham numa atitude ativa perante eles, empenhando-se em desenvolver as faculdades críticas e não assumindo passivamente cada mensagem transmitida, mas procurando compreender e julgar o seu conteúdo. Será necessário, além disso, decidir de modo autônomo o espaço a dedicar à utilização dos mesmos, em relação também com os compromissos que a família como tal e os seus vários membros devem enfrentar.

Em síntese: é dever dos pais educarem a si mesmos, e consigo os filhos, para compreenderem o valor da comunicação, para saberem colher entre as várias mensagens transmitidas pela mesma, para receberem as mensagens escolhidas sem se deixar subjugar, mas reagindo de forma responsável e autônoma. Onde quer que esta tarefa seja convenientemente realizada, os meios de comunicação social deixam de interferir na vida da família como perigosos concorrentes que lhes envenenam as funções fundamentais e oferecem-se, pelo contrário, como ocasiões preciosas de confronto ponderado com a realidade e como úteis componentes daquele processo de gradual maturação humana, que a introdução dos jovens na vida social requer.

É óbvio que, neste delicado esforço, as famílias devem poder contar, em não pequena medida, com a boa vontade, a retidão e o sentido de responsabilidade dos profissionais dos "media" – editores, escritores, produtores, diretores, dramaturgos, informadores, comentadores e atores, categorias, todas estas, em que é dominadora a presença dos leigos. A todos estes, homens e mulheres, quero repetir o que disse o ano passado durante uma das minhas viagens: "As grandes forças que dominam o mundo – política, *mass media*, ciência, tecnologia, cultura, educação, indústria e trabalho – são precisamente os setores nos quais os leigos são especificamente competentes para exercer a sua missão" (*Limerick*, 1 de outubro de 1979).

Não há dúvida que os *mass media* constituem hoje uma das grandes forças que governam o mundo, e que neste setor um número crescente de pessoas, bem dotadas e altamente preparadas, é chamado a encontrar o próprio trabalho e a possibilidade de exercitar a própria vocação. A Igreja pensa nelas com afeto solícito e respeitoso e reza por elas. Poucas profissões requerem tanta energia, dedicação, integridade e responsabilidade como esta, mas, ao mesmo tempo, são poucas as profissões que têm igual reflexo sobre os destinos da humanidade.

Convido, pois, vivamente, todos aqueles que estão empenhados nas atividades relacionadas com os instrumentos da comunicação social a associarem-se à Igreja neste Dia de reflexão e oração. Rezemos juntos a Deus a fim de que estes nossos Irmãos progridam na consciência das suas grandes possibilidades de servir a humanidade e orientar o mundo para o bem; rezemos ao Senhor para que lhes dê a compreensão, a sabedoria e a coragem de que têm necessidade para poder responder às suas graves responsabilidades; rezemos para que estejam sempre atentos às necessidades dos receptores, que em grande parte são componentes de famílias como as suas, formadas não raro de pais cansados em excesso após um dia de trabalho, para poderem estar suficientemente vigilantes, e formadas de filhos cheios de confiança em si, impressionáveis e facilmente vulneráveis. Recordando tudo isto, eles terão também presentes as enormes ressonâncias que o seu trabalho pode ter quer no bem quer no mal, e evitarão ser incoerentes consigo mesmos e infiéis à sua particular vocação.

A minha especial Bênção Apostólica vai hoje para todos os que trabalham no campo das comunicações sociais, para todas as famílias e todos quantos, mediante a oração, a reflexão e a discussão, procuram pôr tais importantes instrumentos ao serviço do homem e da glória de Deus.

Do Vaticano, a 1º de maio de 1980.

"AS COMUNICAÇÕES SOCIAIS A SERVIÇO DA LIBERDADE RESPONSÁVEL DO HOMEM"
31 DE MAIO DE 1981

Caríssimos irmãos e irmãs!

O 15º Dia Mundial das Comunicações Sociais, marcado para o domingo, dia 31 de maio de 1981, tem como tema: "As comunicações sociais a serviço da liberdade responsável do homem". A este assunto importante quero dedicar a presente mensagem que, com carinho, dirijo aos filhos da Igreja Católica e a todos os homens de boa vontade.

1. Na expansão e no progresso contínuo dos *mass media*, pode-se vislumbrar um "sinal dos tempos", que é um potencial imenso de compreensão universal e um reforço de premissas para a paz e a fraternidade entre os povos.

Justamente Pio XII, de venerável memória, na encíclica *Miranda prorsus*, de 8 de setembro de 1957, falava destes "meios", classificando-os de "maravilhosas invenções de que os nossos tempos se gloriam", e vendo neles "um dom de Deus". O decreto *Inter mirifica* do Concílio Ecumênico Vaticano II, reforçando este conceito, sublinhava a possibilidade destes "meios" que, "pela sua natureza, estão em condições de atingir e mover não só os indivíduos, mas multidões inteiras e toda a sociedade humana".

A Igreja, reconhecendo as enormes possibilidades dos *mass media*, sempre acrescentou, junto com uma avaliação positiva, um chamado de atenção para considerações que não ficassem somente numa óbvia exaltação, mas fizessem refletir e considerar que a força de sugestão destes "meios" teve, tem e terá influências particulares sobre o homem, pelas quais sempre teve a maior consideração. O homem, também nos contatos com os *mass media*, é chamado a ser ele mesmo: isto é, livre e responsável, "usuário" e não "objeto", "crítico" e não "submisso".

2. Repetidamente, dentro de meu "serviço pastoral", lembrei a "visão do homem" como "pessoa livre" que, fundamentada na revelação divina, é confirmada e exigida como necessidade vital da mesma natureza: visão que, nestes tempos, é ainda mais notada, talvez também como reação aos perigos que corre e às ameaças que sofre ou teme.

Na "mensagem" enviada para o "Dia Mundial pela Paz", na abertura deste ano de 1981, quis chamar a atenção sobre a liberdade como condição necessária para a consecução da paz: liberdade dos indivíduos, dos grupos, das famílias, dos povos, das minorias étnicas, linguísticas, religiosas.

De fato, o homem realiza-se a si mesmo na liberdade. A esta realização sempre mais completa, ele deve tender, não tanto se contentando com exaltações verbais ou retóricas, como muitas vezes acontece, ou retorcendo o sentido mesmo da liberdade, ou "cultivando-a inadequadamente, como se tudo fosse lícito, contanto que agrade, inclusive o mal" – como faz notar a Constituição pastoral do Concílio Ecumênico Vaticano II (*Gaudium et spes*, n. 17) –, mas deve ver e ligar intimamente, conceitualmente e de fato a liberdade como consequência da "dignidade" que vem de ser ele sinal altíssimo da imagem de Deus. É esta dignidade que exige que o homem aja de acordo com escolhas conscientes e livres, movido e levado por convicções pessoais e não por um impulso interno cego ou por mera coação externa (ibidem, n. 1. c.). Também uma sugestão psicológica, aparentemente "pacífica", da qual o homem se fez objeto com meios de persuasão, habilmente manipulados, pode representar e ser um ataque e um perigo para a liberdade. É por isso que quero falar das comunicações sociais a *serviço* da liberdade responsável do homem. O homem é criado livre e como tal deve crescer e se formar com um esforço de superação de si mesmo, ajudado pela graça sobrenatural. A liberdade é conquista. O homem deve libertar-se de tudo o que pode desviá-lo desta conquista.

3. Ora, os *mass media* apresentam-se como fatores dotados de particular "carga positiva" na perspectiva deste "esforço" pela realização da liberdade responsável: é uma constatação, que sempre esteve presente na atenção da Igreja. Esta possibilidade, uma vez real, pode também ser demonstrada. Mas, aqui, é preciso, sobretudo, perguntar-se: existe, de fato, uma "passagem positiva" da pura possibilidade à sua realização? Os *mass media* respondem de fato às expectativas que neles são postas, como fatores que favorecem a realização do homem na sua "liberdade responsável"?

Como estes meios se expressam ou são empregados para a realização do homem na sua liberdade e como a promovem? Os meios de comunicação, de fato, apresentam-se como realidade da "força expressiva", e muitas vezes, sob certos aspectos, como "imposição", não podendo o homem de hoje criar ao seu redor o vazio, nem se entrincheirar no isolamento, porque equivaleria a privar-se de contatos dos quais não pode prescindir.

Muitas vezes os *mass media* são expressão de poder que se torna "opressão", especialmente onde o pluralismo não é admitido. Isto pode acontecer não somente onde a liberdade é de fato inexistente, por razões de ditadura de qualquer tipo, mas também onde, embora se conservando de alguma forma esta liberdade, são exercidos continuamente enormes interesses e "pressões" manifestas ou ocultas.

Isto se refere especialmente à violação dos direitos de liberdade religiosa, mas vale também para outras situações de opressão que, praticamente, se baseiam, por outros motivos, sobre a instrumentalização do homem.

A "liberdade responsável" dos operadores da comunicação social, que deve presidir a determinadas escolhas, não pode não levar em conta os usuários destas escolhas, eles também "livres e responsáveis"!

Chamar a atenção dos operadores dos *mass media* para o empenho exigido pelo amor, a justiça e a verdade, junto com a liberdade, é um dever de meu "serviço pastoral". A verdade nunca deve ser manipulada, nunca descuidada a justiça, nunca esquecido o amor, se se quer corresponder às normas deontológicas que, esquecidas ou descuidadas, produzem partidarismo, escândalo, submissão aos poderosos ou concessões à razão de Estado! Não será a Igreja a que vai sugerir abrandamentos ou disfarces para a verdade, mesmo que seja dura: a Igreja, exatamente porque é "perita em humanidade", não se deixa influenciar por um otimismo ingênuo, mas prega a esperança e não se compraz com o escândalo. Porém, exatamente porque respeita a verdade, não pode deixar de notar que certos modos de gerir os *mass media* são pretexto diante da verdade e deletérios diante da esperança.

4. Pode-se notar, ainda, nos *mass media* uma carga agressiva na informação e nas imagens: do espetáculo às "mensagens" políticas, das pré-fabricadas "descobertas culturais" dirigidas – que, na verdade, não são nada mais que "doutrinação" às "mensagens publicitárias".

No nosso mundo é difícil imaginar operadores de *mass media* fora das próprias matrizes culturais; isto, porém, não deve fazer que se imponha a terceiros a ideologia pessoal. O operador deve desenvolver um serviço o mais possível objetivo e não se transformar em "persuasor oculto" por interesse do grupo, por conformismo, pelo dinheiro.

Há ainda um perigo para a liberdade responsável dos usuários dos meios de comunicação social, que convém destacar como um grave atentado, e é constituído pelas solicitações da sensualidade, até a explosão da pornografia: nas palavras faladas ou escritas, nas imagens, nas representações e até em certas manifestações que se dizem "artísticas", exerce-se, por vezes, um verdadeiro e autêntico lenocínio, que realiza uma obra destruidora e de perversão. Denunciar este estado de coisas não é manifestar, como frequentemente se ouve dizer, mentalidade retrógrada ou vontade de censura: a denúncia, também neste ponto, é feita exatamente em nome da liberdade, que postula e exige que não se sofram imposições por parte de quem quer transformar a sensualidade num "fim". Esta operação seria não só anticristã, mas anti-humana, com as consequentes passagens também pela droga, pela perversão, pela degeneração.

A capacidade intrínseca dos meios de comunicação social, já se disse, oferece possibilidades enormes. Entre elas, também a de exaltar a violência, através da descrição e da representação do que existe na crônica diária, com concessões de palavras e de imagens, talvez com o pretexto de condená-la! Existe, muitas vezes, uma como "pesquisa" que tende a despertar emoções violentas para estimular a atenção, cada vez mais enfraquecida.

5. Não se pode deixar de falar do efeito e da influência que tudo isso exerce especialmente sobre a fantasia dos mais jovens e das crianças, grandes usuários dos *mass media*, desprovidos e abertos às mensagens e às sensações.

Há um amadurecimento que deve ser ajudado sem traumatizar, artificiosamente, um indivíduo ainda em formação.

A Igreja, neste como noutros campos, pede responsabilidade, não somente aos operadores dos meios de comunicação social, mas a todos e, especialmente, às famílias.

O modo de vida – especialmente nas nações mais industrializadas – leva muitas vezes as famílias a eximir-se de suas responsabilidades educativas, encontrando na facilidade de evasão (representada, em casa, especialmente pela televisão e por certas publicações) o modo de manter ocupado o tempo e as atividades das crianças e dos jovens. Ninguém pode negar, nisto há também certa justificação, uma vez que muito frequentemente faltam estruturas e infraestruturas suficientes para fortalecer e valorizar o tempo livre dos jovens e orientar suas energias.

Os que têm mais necessidade de ser ajudados no desenvolvimento de sua "liberdade responsável" são, exatamente, os que sofrem as consequências desta situação. Surge, então, o dever – especialmente para os crentes, para as mulheres e os homens amantes da liberdade – de proteger especialmente as crianças e os jovens das "agressões" que sofrem, também dos *mass media*. Ninguém pode faltar a este dever alegando motivos, muito cômodos, de ocupações!

6. Devemo-nos perguntar, especialmente na circunstância deste "Dia", se a própria "ação pastoral" conseguiu levar a bom termo tudo o que lhe foi pedido no setor dos *mass media*! A propósito, convém lembrar, além do documento *Communio et progressio*, cujo décimo aniversário se comemora, também o que se disse no Sínodo dos Bispos em 1977 – ratificado pela Exortação Apostólica *Catechesi tradendae* – e o que foi levantado no Sínodo dos Bispos sobre os problemas da família, concluído em outubro de 1980.

O que fizeram a teologia e a prática pastoral, a organização da catequese, a escola – especialmente a escola católica –, as associações e os grupos católicos, concretamente, para este ponto nuclear?

É preciso que se intensifique a ação direta na formação de uma consciência "crítica", que incida sobre as atitudes e os comportamentos não somente dos católicos ou dos irmãos cristãos – defensores, por convicção ou por missão, da liberdade e da dignidade da pessoa humana –, mas de todos os homens e mulheres, adultos e jovens, para que saibamos verdadeiramente "ver, julgar e agir" como pessoas livres e responsáveis, também – diria, sobretudo – na produção e nas escolhas que digam respeito aos meios de comunicação social.

O "serviço pastoral" pelo qual sou responsável; a "mentalidade conciliar" da qual tantas vezes tive ocasião de falar e que sempre incentivei; minhas experiências pessoais e convicções de homem, de cristão e de bispo, levam-me a sublinhar as possibilidades de bem, a riqueza, a oportunidade providencial dos *mass media*. Posso acrescentar que não ignoro, mas me alegra, também, a outra parte que costumam chamar de "artística". Mas tudo isto não pode impedir que se veja também a vantagem que levam a indústria, as vontades do poder na sua utilização – ou abuso.

Todos os aspectos devem ser considerados para uma avaliação global destes "meios". Que os *mass media* se tornem, sempre menos, instrumentos de manipulação do homem! Tornem-se, pelo contrário, sempre mais, promotores de liberdade: meio de fortalecimento, de acréscimo, de amadurecimento da verdadeira liberdade do homem.

Com estes votos, alegro-me em invocar, sobre todos os que lerem estas palavras e buscarem acolher e pôr em prática o seu anseio pastoral, os mais abundantes favores celestes, dos quais é penhor a minha bênção apostólica.

Cidade do Vaticano, 10 de maio de 1981,
IV Domingo da Páscoa.

"AS COMUNICAÇÕES SOCIAIS E OS PROBLEMAS DOS IDOSOS"
10 DE MAIO 1982

Caríssimos irmãos e irmãs em Cristo!

Faz dezesseis anos, já, que a Igreja Católica celebra um "Dia" especial, no qual os fiéis são convidados a refletir sobre os próprios deveres de oração e de dedicação pessoal no importante setor das comunicações sociais, respondendo com isto a uma específica indicação conciliar (*Inter mirifica*, n. 18); e em todos os anos foi designado para este dia um tema específico, para o qual os fiéis são convidados a dirigir sua atenção junto com "as próprias orações e as próprias contribuições" (idem). Na linha desta tradição, quis que neste ano o "Dia Mundial" fosse dedicado aos idosos, acolhendo de muito bom grado o tema que a Organização das Nações Unidas adotou para o ano de 1982.

1. Os problemas dos idosos apresentam-se hoje com dimensões e características notavelmente diversas das dos tempos passados. Novo é, antes de tudo, o problema ligado ao elevado número dos idosos, incrementado, nos países com alto nível de vida, pelos

contínuos progressos da medicina e das medidas higiênicas e sanitárias, das melhores condições de trabalho e pelo crescimento geral do bem-estar.

Novos são também alguns fatores próprios da moderna sociedade industrial e pós-industrial, e, em primeiro lugar, a estrutura da família que, de patriarcal que era na sociedade rural, foi reduzida, em geral, a um pequeno núcleo. A família é, frequentemente, isolada e instável, quando não absolutamente desagregada. Para esta situação contribuíram e contribuem diversos componentes, como o êxodo rural e a corrida para os aglomerados urbanos, ao que se acrescenta, nos nossos dias, a busca, talvez desenfreada, do bem-estar e a corrida para o consumismo. Neste contexto, muitas vezes, os idosos acabam por se tornar um estorvo.

Desta situação surgem alguns graves incômodos que muitas vezes pesam sobre os idosos: da indigência mais crua, especialmente nos países que não têm ainda uma previdência social para a velhice, à inatividade forçada dos aposentados, especialmente vindos da indústria ou do setor terciário; à amarga solidão de todos os que se encontram privados de amizades e de um verdadeiro afeto familiar. Com o aumento dos anos, com o declínio das forças e com o advento de alguma doença debilitante, começam assim a sentir, de maneira sempre mais grave, a fragilidade física e, sobretudo, o peso da vida.

2. Esses problemas da terceira idade não podem encontrar uma solução adequada, se não são sentidos e vivenciados por todos como realidade pertencente à humanidade toda, que é chamada a valorizar as pessoas idosas por motivo da dignidade de todo homem e do significado da vida, que "é um dom, sempre".

A Sagrada Escritura, que fala frequentemente dos idosos, considera a velhice um dom que se renova e que deve ser vivido cada dia, na abertura para Deus e para o próximo.

Já no Antigo Testamento o idoso é considerado, antes de tudo, como um mestre de vida: "Que bela é nos velhos a sabedoria e, para os honrados, a inteligência e o conselho! Coroa dos anciãos é a experiência consumada e a sua glória é o temor de Deus" (Eclo 25,7).

Além disso, o ancião tem uma outra importante tarefa: transmitir a Palavra de Deus às novas gerações: "Deus, ouvimos com nossos ouvidos, os nossos pais nos contaram os feitos que realizaste nos tempos deles" (Sl 44,2). Anunciando aos jovens a própria fé em Deus, ele conserva uma fecundidade de espírito, que não descamba com o declinar das forças físicas: "Mesmo na velhice darão frutos, serão cheios de seiva e verdejantes, para anunciar quão reto é o Senhor". A este dever dos anciãos correspondem os deveres dos jovens, isto é, o dever de ouvi-los: "Não desprezes a fala de velhos sábios" (Eclo 8,9); "Pergunta a teu pai e ele te ensinará, a teus avós, e eles te dirão" (Dt 32,7); e o de cuidar deles: "Ampara a velhice de teu pai e não lhe causes desgosto enquanto vive. Mesmo que esteja perdendo a lucidez, sê tolerante com ele e não o humilhes, em nenhum dos dias de sua vida" (Eclo 3,14).

O ensinamento do Novo Testamento não é menos rico, no qual São Paulo apresenta o ideal de vida dos anciãos com conselhos "evangélicos" muito concretos sobre a sobriedade, dignidade, sensatez, firmeza na fé, no amor e na paciência (cf. Tt 2,2). Exemplo muito significativo é o do velho Simeão, vivido na expectativa e na esperança do encontro com o Messias, e para o qual o Cristo se torna a plenitude da vida e a esperança do futuro para si e para todos os homens. Preparado com fé e humildade, sabe reconhecer o Senhor e canta com entusiasmo não um adeus à vida, mas um hino de graças ao Salvador do mundo, no limiar da eternidade (cf. Lc 2,25-32).

3. Precisamente porque a terceira idade é um momento da vida que é vivido com cuidado e amor, é preciso que se dê importância e apoio a todos os "movimentos" que ajudam os idosos a sair de uma postura de desconfiança, de solidão e de resignação, para fazer deles dispensadores de sabedoria, testemunhas de esperança e agentes de caridade.

O primeiro ambiente, no qual se deve desenvolver a ação dos idosos, é a família. Sua sabedoria e sua experiência são um tesouro para os jovens esposos que, nas suas primeiras dificuldades de vida matrimonial, podem encontrar nos pais idosos os confidentes com quem podem abrir-se e se aconselhar, enquanto no exemplo e nos cuidados afetuosos dos avós, os netos encontram uma compensação às ausências dos pais, hoje tão frequentes, por vários motivos.

Isto não é ainda suficiente: na mesma sociedade civil, que sempre confiou a estabilidade da ordem social ao conselho de pessoas maduras, também na implantação das reformas necessárias, os anciãos podem ainda hoje representar o elemento que dá equilíbrio à construção de uma convivência que avança e se renova, não através de desastradas experiências, mas com progressos prudentes e graduais.

4. Os operadores da comunicação social, com relação aos idosos, têm uma missão a cumprir, muito importante, diria mesmo insubstituível. Justamente os meios de comunicação social, de fato, com a universalidade de seu raio de ação e a penetratividade de sua mensagem, podem, com rapidez e eloquência, chamar a atenção e a reflexão de todos sobre os idosos e sobre suas condições de vida. Só uma sociedade consciente, salutarmente sacudida e mobilizada, poderá buscar endereçamentos e soluções que respondam eficazmente às novas necessidades.

Os operadores da comunicação social podem, então, contribuir grandemente para demolir algumas impressões unilaterais da juventude, dando novamente à idade madura e à velhice o sentido da própria utilidade, e oferecendo à sociedade modelos de pensamento e de hierarquia de valores que valorizem a pessoa do idoso. Eles, além disso, têm a possibilidade de lembrar oportunamente à opinião pública que, ao lado do problema do "justo salário", existe também o problema da "justa pensão", que é igualmente parte da "justiça social".

De fato, os esquemas culturais modernos que, com frequência, exaltam unilateralmente a produtividade econômica, a eficiência, a beleza e a força física, o bem-estar pessoal, podem induzir a considerar as pessoas idosas como incômodas, supérfluas, inúteis e, portanto, marginalizá-las da vida familiar e social. Um exame atento neste setor revela que parte da responsabilidade desta situação cabe a algumas orientações dos *mass media*: se é verdade que os meios de comunicação social são o reflexo da sociedade onde atuam, não é menos verdade que eles contribuem também para modelá-la, e que não podem, portanto, eximir-se das próprias responsabilidades neste campo.

Os operadores são especialmente qualificados para difundir a visão genuinamente humana e, portanto, também cristã, do idoso, acima referida: a velhice como dom de Deus para o indivíduo, para a família e para a sociedade. Autores, escritores, diretores, atores, através dos maravilhosos caminhos da arte, podem conseguir tornar esta visão compreensível e atraente. Todos conhecemos o sucesso que eles conseguem noutras campanhas, levadas a efeito com habilidade e perseverança.

5. Estas orientações humanas e cristãs, difundidas pelos *mass media*, ajudarão os idosos a olhar este período da vida com serenidade e realismo; a pôr, o quanto possível, as próprias energias intelectuais, morais e físicas em benefício dos outros, apoiando iniciativas de caráter humanitário, educativo, social e religioso; a preencher os seus longos silêncios através da cultura e no colóquio com Deus. Os filhos tomarão consciência de que o ambiente ideal para os idosos é o da família, como coabitação não tanto física quanto afetiva, que os faz sentirem-se sinceramente aceitos, amados e sustentados. A sociedade civil será estimulada a adotar sistemas de previdência adequados e formas de assistência, que levem em conta não somente as necessidades físicas e materiais, mas também as psicológicas e espirituais, de modo a integrar permanentemente os idosos e a permitir para eles uma vida plena. Pessoas generosas ouvirão o chamado a doar tempo e energias a serviço desta causa, vendo no irmão necessitado o próprio Cristo.

Além desta benéfica ação de animação, os operadores da comunicação social, conscientes do fato de que os idosos são proporção numerosa e estável do próprio público, especialmente de radiouvintes, telespectadores e de leitores, cuidarão para que haja também programas e publicações especialmente adaptadas a eles, de tal modo que lhes ofereçam não só um passatempo e recreação, mas também uma ajuda para a formação permanente, que é requisito de qualquer idade. Depois, esses operadores receberão uma gratidão especial, sobretudo da parte dos inválidos e doentes, permitindo que participem com o povo de Deus das ações litúrgicas e dos eventos da Igreja. Nestas transmissões dever-se-ão levar em conta as exigências e as sensibilidades especiais dos idosos, evitando novidades desconcertantes e respeitando o senso do sagrado, que o idoso possui em alto grau e que na Igreja constitui um bem que deve ser preservado.

6. Neste Dia Mundial das Comunicações Sociais, consagrado aos seus problemas, os idosos sejam os primeiros a oferecer ao Senhor as suas orações e os seus sacrifícios, para que no mundo se difunda a visão cristã da idade avançada.

Todos os que gozam do encanto da infância, do vigor da juventude e da eficiência da idade adulta olhem com respeito, gratidão e amor para os que os precederam.

Os operadores da comunicação social sintam-se alegres por poder colocar os seus maravilhosos recursos a serviço desta causa tão nobre e tão meritória.

O Senhor queira abençoar e sustentar todos nos seus propósitos. Com este augúrio alegro-me em conceder a todos os que trabalham no campo das comunicações sociais, a todos os que, responsavelmente, se valem de seus serviços e especialmente às pessoas idosas, a minha bênção apostólica, propiciadora de copiosos dons de serena alegria e de progresso espiritual.

Cidade do Vaticano, 10 de maio de 1982.

"COMUNICAÇÕES SOCIAIS E PROMOÇÃO DA PAZ"
15 DE MAIO DE 1983

Caríssimos irmãos e irmãs em Cristo!

1. A promoção da paz: este é o tema que o Dia Mundial das Comunicações Sociais propõe neste ano à vossa reflexão. Tema de extrema importância e de palpitante atualidade.

Num mundo que, graças ao espetacular progresso e à rápida expansão dos *mass media*, se tornou sempre mais interdependente, a comunicação e a informação representam hoje um poder que pode servir eficazmente à grande e nobre causa da paz, mas pode também agravar as tensões e favorecer novas formas de injustiça e de violação dos direitos humanos.

Plenamente consciente *do papel dos operadores da comunicação social*, na minha recente mensagem no Dia Mundial da Paz de 12 de janeiro de 1983, que tinha como tema: "O diálogo pela paz, um desafio para o nosso tempo", acreditei ser necessário dirigir um apelo especial a todos os que trabalham nos *mass media* para encorajá-los a considerar a própria responsabilidade e a trazer à luz, com a maior objetividade, os direitos, os problemas e a mentalidade de cada uma das partes, com o fim de promover a compreensão e o diálogo entre os grupos, os países e a civilização. De que maneira a comunicação social poderá promover a paz?

2. Antes de tudo, mediante a realização, no plano institucional, *de uma ordem da comunicação que garanta um uso reto, justo e construtivo da informação*, removendo violências, abusos e discriminações com base no poder político, econômico e ideológico. Não se trata aqui, em primeiro lugar, de pensar em novas aplicações tecnológicas, como também de repensar os princípios fundamentais e as finalidades que devem orientar a comunicação social, num mundo que se tornou como que uma só família e onde o legítimo pluralismo deve ser assegurado numa base comum de consenso ao redor dos valores essenciais da convivência humana. Para isto se exige um sábio amadurecimento da consciência tanto para os operadores da comunicação como para os receptores, e tornam-se necessárias escolhas atentas, justas e corajosas por parte dos poderes públicos, da sociedade e das instituições internacionais. Uma reta organização da comunicação e uma equânime participação nos seus benefícios, no pleno respeito aos direitos de todos, criam um ambiente e condições favoráveis para um diálogo mutuamente enriquecedor entre os cidadãos, os povos e as diversas culturas, enquanto as injustiças e as desordens neste setor favorecem situações de conflito. Assim, a informação unilateral, imposta arbitrariamente do alto ou pelas leis do mercado e da publicidade; a concentração monopolizadora; as manipulações de qualquer espécie não são somente atentados à justa ordem da comunicação social, mas acabam por ferir também os direitos à informação responsável e por colocar em perigo a paz.

3. A comunicação, em segundo lugar, promove a paz quando, nos seus conteúdos, educa construtivamente ao espírito da paz. A informação, pensando bem, nunca é neutra, mas responde sempre, pelo menos implicitamente e nas intenções, a escolhas de fundo. Um nexo íntimo liga comunicação e educação de valores. Hábeis destaques ou manchetes tendenciosas, como também dosados silêncios, adquirem

na comunicação um profundo significado. Portanto, as formas e os modos com os quais são apresentadas situações e problemas como o desenvolvimento, os direitos humanos, as relações entre os povos, os conflitos ideológicos, sociais e políticos, as reivindicações nacionais, a corrida armamentista, para citar apenas alguns exemplos, influem direta ou indiretamente na formação da opinião pública e na criação de mentalidades orientadas no sentido da paz ou abertas, pelo contrário, a soluções de força.

A comunicação social, se quiser ser instrumento de paz, deverá superar as considerações unilaterais e parciais, removendo prejulgamentos, criando, ao invés, um espírito de compreensão e de solidariedade recíproca. A aceitação leal da lógica da convivência pacífica na diversidade exige a constante aplicação do método do diálogo, o qual, enquanto reconhece o direito à existência e à expressão de todas as partes, afirma o dever que estas têm de se integrar com todas as outras, para conseguir o bem superior, que é a paz, ao qual hoje se contrapõe, como dramática alternativa, a ameaça da destruição atômica da civilização humana.

Como consequência, torna-se hoje tanto mais necessário e urgente propor os valores de um humanismo pleno, baseado no reconhecimento da verdadeira dignidade e dos direitos do homem, aberto à solidariedade cultural, social e econômica entre pessoas, grupos e nações, na consciência de que uma mesma vocação reúne toda a humanidade.

4. A comunicação social, enfim, promove a paz *se os profissionais da informação são operadores de paz.*

A responsabilidade peculiar e os insubstituíveis deveres que os comunicadores têm com relação à paz deduzem-se da consideração sobre a capacidade e o poder que eles detêm de influenciar, por vezes de modo decisivo, a opinião pública e os próprios governantes.

Aos operadores da comunicação devem ser garantidos, para o exercício das suas importantes funções, direitos fundamentais, como o acesso às fontes de informação e a faculdade de apresentar os fatos objetivamente.

Mas, por outro lado, é também necessário que os operadores da comunicação superem as exigências de uma ética concebida numa mentalidade meramente individualista e, sobretudo, não se deixem subjugar por grupos de poder, manifestos e ocultos. Devem, pelo contrário, ter em mente que, além e acima das responsabilidades contratuais nas relações dos órgãos de informação e das responsabilidades legais, têm também deveres estritos para com a verdade, para com o público e para com o bem comum da sociedade.

Se no exercício de seu dever, que é uma verdadeira missão, os comunicadores sociais souberem promover a informação serena e imparcial, promover o mútuo entendimento e o diálogo, reforçar a compreensão e a solidariedade, terão dado uma magnífica contribuição para a causa da paz.

Confio a vós, caríssimos irmãos e irmãs, estas minhas considerações, no início do Ano Santo Extraordinário, com o qual queremos celebrar o 1950º aniversário da redenção do homem realizada por Jesus Cristo, "Príncipe da paz" (cf. Is 9,5). Aquele que é a "nossa paz" e veio para "anunciar a paz" (cf. Ef 2,14-17).

Enquanto invoco sobre vós e sobre os operadores da comunicação social o dom divino da paz, que é "fruto do Espírito" (cf. Gl 5, 22), concedo de coração a minha bênção apostólica.

Cidade do Vaticano, 25 de março de 1983.

"AS COMUNICAÇÕES SOCIAIS, INSTRUMENTO DE ENCONTRO ENTRE FÉ E CULTURA"

3 DE JUNHO DE 1984

1. O dia anual estabelecido pelo Concílio Vaticano II "para reforçar o variado apostolado da Igreja por intermédio dos meios de comunicação social" (*Inter mirifica*, n. 18), que celebramos pela 182ª vez, tem a finalidade de educar sempre melhor os fiéis nos seus deveres num setor tão importante. Nesta ocasião desejo, em primeiro lugar, exortar cada um de vós a unir-se a mim na oração, para que o mundo da comunicação social, com os seus operadores e a multidão dos receptores, cumpra com fidelidade sua função a serviço da verdade, da liberdade, da promoção do homem integral em todos os homens.

O tema escolhido para este XVIII Dia é de grande importância: *As comunicações sociais, instrumento de encontro entre fé e cultura.* Cultura, fé, comunicação são três realidades entre as quais se estabelece uma relação da qual depende o futuro de nossa civilização, chamada a expressar-se sempre mais completamente em sua dimensão planetária.

2. A *cultura*, como já tive ocasião de dizer (cf. *Discurso à Unesco*, 2 de junho de 1980), é um modo específico do existir e do ser do homem. A cultura cria entre as pessoas de uma comunidade uma série de liames, determinando o caráter inter-humano e social da existência humana. O homem é o sujeito e o artífice da cultura, e nela se expressa e nela encontra o seu equilíbrio.

A *fé* é o encontro entre Deus e o homem: o homem responde com a fé a Deus que na história revela e realiza o seu plano de salvação, orientando a própria vida na direção desta mensagem (cf. Rm 10,9; 2Cor 4,13): a fé é um dom de Deus ao qual deve corresponder a decisão do homem. Mas se a cultura é o caminho especificamente humano para aproximar-se sempre mais do ser e se, por outro lado, na fé o homem se abre ao conhecimento do Ser supremo, à imagem e semelhança de quem foi criado (cf. Gn 1,26), não há quem não veja a profunda relação que existe entre uma e outra experiência humana. Compreende-se, então, por que o Concílio Vaticano II quis sublinhar os "excelentes estímulos e ajuda" que o mistério da fé cristã oferece ao homem para desempenhar com maior cuidado o dever de construir um mundo mais humano, que responda à sua "vocação integral" (*Gaudium et spes*, n. 57). E ainda: a cultura é por si mesma comunicação: nem só e nem tanto do homem com o ambiente que ele é chamado a dominar (cf. Gn 2,19-20; 1,28), como do homem com os outros homens. A cultura, de fato, é uma dimensão racional e social da existência humana; iluminada pela fé, ela exprime também a plena comunicação do homem com Deus em Cristo e, em contato com as verdades reveladas por Deus, encontra mais facilmente o fundamento das verdades humanas que promovem o bem comum.

3. Fé e cultura, portanto, são *chamadas a encontrar-se e a interagir exatamente no terreno da comunicação*: a realização efetiva do encontro e da interação, como também sua intensidade e eficácia, dependem muito da idoneidade dos instrumentos através dos quais tem lugar a comunicação. A imprensa, o cinema, o teatro, o rádio, a televisão, com a evolução que cada um destes meios sofreu no curso da história, nem sempre se revelaram adequados para o encontro

entre fé e cultura. A cultura do nosso tempo, especialmente, parece dominada e plasmada pelos mais novos e poderosos entre os meios de comunicação – o rádio e, sobretudo, a televisão –, tanto que, por vezes, parecem impor-se como fins e não como simples meios, também pelas características de organização e de estrutura que exigem.

Este aspecto dos modernos *mass media*, no entanto, não deve fazer esquecer que se trata, sempre, de meios de comunicação, e que esta, por sua natureza, é sempre *comunicação de alguma coisa*: o conteúdo da comunicação, portanto, é sempre determinante e tal que qualifica a mesma comunicação. Sobre os conteúdos sempre se recomendou o senso de responsabilidade dos comunicadores, como também o senso crítico dos receptores.

4. Certos aspectos ilusórios do uso dos modernos *mass media* não devem fazer esquecer que eles, com o seu conteúdo, podem tornar-se maravilhosos instrumentos para a difusão do Evangelho, adaptados aos tempos, em condições de atingir até as regiões mais longínquas da terra. Especialmente, podem ser de grande ajuda na catequese, como lembrei na Exortação apostólica *Catechesi tradendae* (n. 46).

Os que se utilizam dos meios de comunicação social para a evangelização, contribuindo também para construir, assim, um tecido cultural no qual o homem, consciente de seu relacionamento com Deus, torna-se mais homem, tenham, pois, mais consciência da sua alta missão; tenham a necessária competência profissional e sintam a responsabilidade de transmitir a mensagem evangélica em sua pureza e integridade, não confundindo a doutrina divina com a opinião dos homens. Os *mass media*, de fato, quer se ocupem da atualidade informativa, quer tratem de assuntos propriamente culturais, ou sejam usados para fins de expressão artística e de diversão, subentendem sempre uma determinada concepção do homem; e é exatamente com base na exatidão e na plenitude desta concepção que são julgados.

Neste ponto o meu apelo se torna aflito e se dirige a todos os operadores da comunicação social, de qualquer latitude e de qualquer religião.

Operadores da comunicação, não deem uma imagem mutilada do homem, distorcida, fechada aos autênticos valores humanos! Abram espaço para o transcendente, que torna o homem mais homem! Não zombem dos valores religiosos, não os ignorem, não os interpretem conforme esquemas ideológicos! A informação seja sempre inspirada em critérios de verdade e de justiça, sentindo o dever de retificar e de reparar quando perceberem haver incorrido em erros. Não corrompam a sociedade e, especialmente, os jovens, com a representação intencional e insistente do mal, da violência, do aviltamento moral, fazendo uma obra de manipulação ideológica, semeando a divisão! Saibam, todos os operadores dos *mass media*, que as mensagens chegam a uma massa que é tal pelo número dos seus componentes, cada um dos quais, porém, é um homem, pessoa concreta e irrepetível, que deve ser reconhecida e respeitada como tal. Ai do que der escândalo, sobretudo aos pequeninos (cf. Mt 18,6)! Numa palavra: empenhem-se em promover uma cultura que vise verdadeiramente ao homem, conscientes de que, fazendo assim, facilitarão o encontro com a fé, da qual ninguém deve ter medo.

5. Um exame realista leva, infelizmente, a reconhecer que, no nosso tempo, as imensas potencialidades dos *mass media* são usadas, muito frequentemente, contra o homem, e que a cultura dominante não atende ao encontro com a fé, quer nos países onde é permitida a livre circulação de ideias, quer onde a liberdade de expressão é confundida com a licenciosidade irresponsável. É dever de todos sanear a comunicação social e reconduzi-la aos seus nobres fins: os comunicadores atenham-se às regras de uma correta ética profissional; os críticos desenvolvam sua ação útil e esclarecedora, procurando a formação da consciência crítica dos receptores; os receptores, por sua vez, saibam escolher, com atenção prudente, livros, jornais, espetáculos cinematográficos e teatrais, programas de televisão, para tirar deles ocasião de crescimento e não de corrupção; além disso, também através de oportunas formas associativas, façam ouvir a sua voz junto aos operadores da comunicação, a fim de que respeitem sempre a dignidade do homem e os seus inalienáveis direitos. E, com

as palavras do Concílio Vaticano II, lembro que "os mesmos" poderes públicos, que com justiça se interessam pela saúde física dos cidadãos, têm o dever de providenciar, com justiça e diligência, mediante a promulgação de leis e a sua eficaz aplicação, que o abuso destes meios de comunicação não prejudiquem a moralidade pública e o progresso das sociedades (*Inter mirifica*, n. 12).

6. De fato, uma vez que no início da comunicação há um *homem-comunicador* e no seu final, um *homem-receptor*, os meios de comunicação social facilitarão o encontro entre a fé e a cultura quanto mais favorecerem o encontro das pessoas entre si, para que não se forme uma massa de indivíduos isolados, em que cada um esteja em diálogo com o papel ou com o palco, ou com a tela, pequena ou grande, mas uma comunidade de pessoas conscientes da importância do encontro com a fé e com a cultura e decididas a realizá-lo através do contato *pessoal*, na família, no local de trabalho, nas relações sociais. Cultura e fé, que encontram nos *mass media* úteis e, por vezes, indispensáveis auxílios, diretos ou indiretos, circulam no diálogo entre pais e filhos, enriquecem-se pelo trabalho de professores e educadores, desenvolvem-se pela ação pastoral direta, até o encontro pessoal com Cristo presente na Igreja e nos seus sacramentos.

Com a intercessão de Maria Santíssima, invoco sobre todos os operadores da comunicação social e sobre a imensa comunidade dos receptores, as graças celestes, das quais minha bênção apostólica é propiciadora, a fim de que, cada um no próprio papel, se empenhe por fazer com que as comunicações sociais sejam instrumentos sempre mais eficazes de encontro entre fé e cultura.

Cidade do Vaticano, 24 de maio de 1984.

"AS COMUNICAÇÕES SOCIAIS E A PROMOÇÃO CRISTÃ DA JUVENTUDE"

19 DE MAIO DE 1985

Caríssimos irmãos e irmãs em Cristo, homens e mulheres que assumistes a causa da dignidade da pessoa humana, e vós, sobretudo, jovens do mundo inteiro que deveis escrever uma nova página da história a caminho do ano dois mil!

1. A Igreja, como faz anualmente, prepara-se para celebrar o Dia Mundial das Comunicações Sociais. Um momento de oração e de reflexão, no qual se deve sentir envolvida toda a comunidade eclesial, chamada ao anúncio e ao testemunho do Evangelho (Mc 16,15), para que os *mass media*, com a colaboração de todos os homens de boa vontade, possam verdadeiramente contribuir "para a aplicação da justiça, da paz, da liberdade e do progresso humano" (*Communio et progressio*, n. 100).

O tema do Dia – "As comunicações sociais e a promoção cristã da juventude" – quer fazer eco à iniciativa das Nações Unidas que proclamaram 1985 como o "Ano Internacional da Juventude".

Os meios de comunicação social, "capazes de ampliar infinitamente o campo de escuta da Palavra de Deus" *(Evangelii nuntiandi*, n. 45), podem oferecer aos jovens uma notável contribuição para realizar, através de uma escolha livre e responsável, sua vocação pessoal de homens e cristãos, preparando-se assim para ser os construtores e os protagonistas da sociedade de amanhã.

2. A Igreja – com o Concílio Vaticano II, cujo 20º aniversário de conclusão acontece neste ano e, depois, o magistério – reconheceu claramente a grande importância dos *mass media* no desenvolvimento da pessoa humana: no plano da informação, da formação, do amadurecimento cultural, além da diversão e do emprego do tempo livre. A Igreja também foi explícita em reconhecer que os meios de comunicação são *instrumentos* a serviço do homem e do bem comum, *meios*, e não *fins*.

O mundo da comunicação social está hoje empenhado num vertiginoso, complexo e imprevisível desenvolvimento: já se fala de uma *época tecnotrônica*, para indicar a crescente interação entre tecnologia e eletrônica – e está imerso em não poucos problemas, ligados com a elaboração de uma *nova ordem mundial* da informação e da comunicação, em relação com as perspectivas amplas do emprego dos satélites e da superação das barreiras do céu.

Trata-se de uma revolução que comporta não só uma mudança nos sistemas e nas técnicas de comunicação, mas envolve todo o universo cultural, social e espiritual da pessoa humana. Ela não pode responder simplesmente às próprias regras internas, mas deve deduzir os próprios critérios de fundo a partir da *verdade do homem e sobre o homem*, formado à imagem de Deus. Conforme o *direito à informação* que todo homem tem, a comunicação deve sempre se adequar, no seu conteúdo, à verdade e, com relação à justiça e à caridade, deve ser íntegra. Isto vale, com maior razão, quando os interessados são os jovens, aqueles que estão se abrindo às experiências da vida. Neste caso, sobretudo, a informação não pode ficar indiferente aos valores que atingem, em profundidade, a existência humana, como o primado da vida desde o momento de sua concepção, a dimensão moral e espiritual, a paz, a justiça. A informação não pode ser neutra diante de problemas e situações que, em nível nacional e internacional, revolucionam o tecido que une a sociedade, como a guerra, a violação dos direitos humanos, a pobreza, a violência, a droga.

3. O destino do homem sempre se decide diante da verdade, da escolha que ele, em força da liberdade que lhe deixou o Criador, cumpre entre o bem e o mal, entre a luz e as trevas. Mas é impressionante e doloroso constatar, hoje, um sempre maior número de homens impedidos de fazer livremente a própria escolha: porque subjugados por regimes autoritários, sufocados por sistemas ideológicos, manipulados por uma ciência e uma técnica totalizantes, condicionados por mecanismos de uma sociedade que fomenta comportamentos sempre mais despersonalizados.

A *liberdade* parece ser o grande desafio que a comunicação social deverá enfrentar, para conquistar espaços de suficiente autonomia, especialmente onde deve, ainda hoje, submeter-se a *censuras* de regimes totalitários ou a *imposições* de poderosos grupos de pressão culturais, econômicos, políticos.

Os *mass media, fatores de comunicação e de progresso*, devem superar as barreiras ideológicas e políticas, acompanhando a humanidade em seu caminho para a paz e favorecendo o processo de integração e de solidariedade fraterna entre os povos, na dupla direção leste-oeste e norte-sul. Veículos de formação de cultura, os *mass media* devem contribuir para a renovação da sociedade e, especialmente, para o desenvolvimento humano e moral dos jovens, fazendo com que tomem consciência das preocupações históricas que os esperam, às vésperas do Terceiro Milênio. Para isso, os *mass media* devem abrir novos horizontes à juventude, educando-a para o dever, para a honestidade, para o respeito dos próprios semelhantes, para o sentido da justiça, da amizade, do estudo, do trabalho.

4. Estas considerações põem em relevo o imenso potencial de bem que os meios de comunicação social podem fazer libertar. Mas, ao mesmo tempo, deixam intuir as graves ameaças que os *mass*

media podem levar à sociedade, se empregados com a lógica do poder ou de interesses, se usados com objetivos distorcidos, contra a verdade, contra a dignidade da pessoa humana, contra a sua liberdade; e, em primeiro lugar, aos seus membros mais frágeis e indefesos.

O jornal, o livro, o disco, o filme, o rádio, especialmente a televisão e, agora, o videocassete, até o sempre mais sofisticado computador, representam já uma fonte importante, se não única, através da qual o jovem entra em contato com a realidade externa e vive o próprio dia a dia. O jovem, por outro lado, está sempre mais próximo dos meios de comunicação, quer porque o tempo livre é maior, quer porque o ritmo acelerado da vida moderna acentuou a tendência à distração como pura evasão. Além disso, pela ausência dos pais, quando a mãe é também obrigada a trabalhar fora de casa, afrouxou-se o tradicional controle educativo sobre o uso de tais meios.

Os jovens, assim, são os primeiros e mais imediatos receptores dos *mass media*, e são também *os mais expostos* à multiplicidade de informações e de imagens que, por meio deles, chegam diretamente em casa. Por outro lado não é possível ignorar o perigo de certas mensagens, transmitidas até nas horas de maior audiência do público juvenil, contrabandeadas por uma publicidade sempre mais aberta e agressiva ou propostas por espetáculos, onde parece que a vida do homem esteja regrada apenas pelas leis do sexo e da violência.

Fala-se de uma "videodependência", um termo que já entrou para o uso comum, para indicar a sempre maior influência que os meios de comunicação social, com sua carga de sugestão e de modernidade, têm sobre os jovens. É preciso que se examine profundamente este fenômeno, que se verifiquem suas reais consequências sobre os receptores que ainda não amadureceram suficientemente sua consciência crítica. Não é, portanto, uma questão somente de ocupação do tempo livre, isto é, de uma restrição dos espaços que devem ser reservados cotidianamente para outras atividades intelectuais e recreativas, mas também de um condicionamento da mesma psicologia, da cultura, dos comportamentos da juventude.

A educação transmitida pelos formadores tradicionais, e especialmente pelos pais, tende, de fato, a ser substituída por uma *educação unidirecional,* que ignora a relação fundamental dialógica e interpessoal. Uma *cultura do provisório* que leva a desprezar os esforços a longo prazo, com uma *cultura massificante* que leva a esquivar-se de escolhas pessoais inspiradas na liberdade, substitui uma cultura fundamentada sobre valores-conteúdos, sobre a qualidade das informações. Uma postura de *aceitação passiva* dos modismos e das necessidades impostas por um materialismo que, incentivando o consumo, esvazia as consciências, contrapõe-se a uma formação orientada para o crescimento da responsabilidade individual e coletiva. A imaginação, própria da idade juvenil, expressão da sua criatividade, dos seus impulsos generosos, torna-se estéril *diante do hábito da imagem,* isto é, um modo de ser que se torna indolência e inibe estímulos e desejos, esforços e criação de projetos.

5. É uma situação que, embora não generalizada, deve, contudo, levar todos os que trabalham na comunicação social a uma séria e profunda reflexão. Eles têm um dever excitante e, ao mesmo tempo, exigente: do emprego que eles fizerem dos próprios recursos de inteligência e profissionalismo, depende grandemente a formação dos que, amanhã, deverão melhorar esta nova sociedade empobrecida dos seus valores humanos e espirituais e ameaçada de autodestruição.

Um dever ainda mais exigente têm os pais e os educadores. O seu testemunho, sustentado por uma conduta cultural e moralmente coerente, pode representar o mais eficaz e digno de crédito dos ensinamentos. O diálogo, o discernimento crítico, a vigilância são condições indispensáveis para educar um jovem a um comportamento responsável no uso dos *mass media,* restabelecendo nele o justo equilíbrio, depois de eventual impacto negativo com estes meios.

O Ano Internacional da Juventude, também neste campo, interpela todo o *mundo dos adultos.* É dever de todos ajudar os jovens a entrar na sociedade como cidadãos responsáveis, homens formados, conscientes da própria dignidade.

6. O XIX Dia Mundial das Comunicações Sociais tem aqui o seu significado pleno. O tema da próxima celebração está no coração da missão da Igreja que deve buscar a salvação de todos os homens, pregando o Evangelho "sobre os telhados" (Mt 10,27; Lc 12,3). As comunicações sociais oferecem, hoje, grandes possibilidades nas quais a Igreja reconhece o sinal da obra criadora e redentora de Deus, que o homem deve continuar. Estes instrumentos podem, portanto, tornar-se poderosos canais da transmissão do Evangelho, tanto na pré-evangelização como no aprofundamento posterior da fé, para favorecer a promoção humana e cristã da juventude.

Evidentemente, isto exige: uma profunda ação educativa na família, na escola, na paróquia, através da catequese, para instruir e guiar os jovens no uso equilibrado e disciplinado dos meios de comunicação social, ajudando-os a ter um juízo crítico, iluminado pela fé, sobre as coisas vistas, ouvidas, lidas (*Inter mirifica*, nn. 10, 16; *Communio et progressio*, nn. 67-70, 107); uma cuidadosa e específica formação teórica e prática nos seminários, nas associações de apostolado dos leigos, nos novos movimentos eclesiais, especialmente os juvenis, não somente para conseguir um conhecimento adequado dos meios de comunicação social, mas também para realizar as indubitáveis potencialidades que devem reforçar o diálogo na caridade e os liames de comunicação (*Communio et progressio*, nn. 108, 110, 115-117); a presença ativa e coerente dos cristãos em todos os setores da comunicação social, para levar-lhes não somente a contribuição da sua preparação cultural e profissional, mas também um testemunho vivo da sua fé (idem, n. 103); o empenho da comunidade católica para que, quando for necessário, denuncie espetáculos e programas que atentam ao bem moral dos jovens, reivindicando a exigência de uma informação mais verdadeira sobre a Igreja e de transmissões mais positivamente inspiradas nos valores autênticos da vida (*Inter mirifica*, n. 14); a apresentação da mensagem evangélica em sua integridade: preocupando-se em não traí-la, em não banalizá-la, em não reduzi-la instrumentalmente a visões sociopolíticas; mas também no exemplo de Cristo, *comunicador perfeito*, adequando-se aos receptores, à mentalidade dos jovens, ao seu modo de falar, ao seu estado e condição (*Catechesi tradendae*, nn. 35, 39, 40).

7. Desejo dirigir-me especialmente aos jovens na conclusão desta mensagem: aos jovens que já encontraram Cristo, a todos os que vieram a Roma, no início da Semana Santa, em comunhão espiritual com milhões de seus coetâneos, para proclamar, junto com o Papa, que "Cristo é a nossa Paz"; mas também a todos os jovens que, mesmo confusamente, entre incertezas, angústias e passos falsos, aspiram a encontrar este "Jesus que é chamado o Cristo" (Mt 1,16), para dar um sentido, uma finalidade à sua vida.

Caríssimos jovens! Até agora me dirigi ao mundo dos adultos. Mas, na realidade, sois vós os *primeiros destinatários* desta mensagem. A importância e o significado último dos meios de comunicação social dependem, definitivamente, do uso que deles faz a liberdade humana. Dependerá, pois, de vós, do uso que fareis, da capacidade crítica com a qual sabereis usá-los, se estes meios servirem à vossa formação humana e cristã ou se, então, eles se voltarem contra vós, sufocando a vossa liberdade e apagando a vossa sede de autenticidade.

Dependerá de vós, jovens, a quem compete construir a sociedade de amanhã, na qual a intensificação das informações e das comunicações multiplicará as formas de vida associativa, e o desenvolvimento tecnológico derrubará as barreiras entre os homens e as nações; dependerá de vós construirdes uma nova sociedade que seja uma única família humana, onde homens e povos possam viver em mais estreita colaboração e mútua integração, ou, pelo contrário, uma sociedade futura onde se exacerbam os conflitos e as divisões que dilaceram o mundo contemporâneo.

Com as palavras do apóstolo Pedro, repito aqui o augúrio que fiz na minha *Carta aos jovens e às jovens do mundo*: "Estai sempre prontos a dar a razão da vossa esperança a todo aquele que a pedir" (1Pd 3,15). "Sim, justamente vós, porque de vós depende o futuro, de vós depende o fim deste milênio e o início do novo. Não sejais, pois, passivos; assumi as vossas responsabilidades em todos os campos que se abrem para vós no nosso mundo!" (João Paulo II, *Dilecti amici*, n. 16).

Caríssimos jovens! O meu convite à responsabilidade, ao empenho é, antes de tudo, um convite à busca da "verdade que vos tornará livres" (Jo 8,32), e a verdade é Cristo (cf. Jo 14,6). É, por isso, um convite a pôr a verdade de Cristo no centro da vossa vida; a testemunhar esta verdade na vossa história cotidiana, nas escolhas decisivas que devereis fazer, para ajudar a humanidade a se encaminhar nos caminhos da paz e da justiça.

Com estes sentimentos concedo a todos a minha bênção apostólica, propiciadora de luzes celestes.

Cidade do Vaticano, 15 de abril de 1985.

"COMUNICAÇÕES SOCIAIS E FORMAÇÃO CRISTÃ DA OPINIÃO PÚBLICA"
11 DE MAIO DE 1986

Caros irmãos e irmãs!

1. O recente Sínodo extraordinário dos Bispos, por ocasião do 20º aniversário da conclusão do Concílio Vaticano II, não quis somente comemorar solenemente aquele evento destinado a marcar tão profundamente a vida da Igreja neste século, mas fez sobretudo reviver seu espírito e recordar seus ensinamentos e decisões. O Sínodo foi, assim, uma retomada e um relançamento do Concílio Vaticano II na vida da Igreja.

Entre as iniciativas suscitadas pelas diretivas conciliares merece, sem dúvida, especial relevo a instituição do "Dia Mundial para as Comunicações Sociais", com o fim de "reforçar o variado apostolado da Igreja por intermédio dos meios de comunicação social, nas dioceses do mundo inteiro" (*Inter mirifica*, n. 18). Esta decisão – que diz do grande peso que os padres conciliares atribuíam às comunicações sociais – aparece ainda mais importante hoje, quando eles registram uma influência sempre crescente.

Fiel ao desejo do Concílio Vaticano II, a Igreja, nestes vinte anos, nunca deixou de celebrar o "Dia das Comunicações Sociais", atribuindo-lhe em cada ano um tema especial. Neste ano o "Dia" será dedicado a considerar e aprofundar a contribuição que as comunicações sociais podem dar à formação cristã da opinião pública.

Não é a primeira vez que a Igreja se interessa por este tema. "O diálogo da Igreja dá-se não só no seu âmbito entre os fiéis, mas com todos os homens. Deve manifestar sua doutrina e modo de vida, em virtude do mandato divino (cf. Mt 28,19) e do direito à verdade que têm todos os homens, de cujo destino ela partilha na terra" (*Communio et progressio*, n. 122). Paulo VI, por sua vez, acrescentava na Exortação apostólica *Evangelii nuntiandi*: "No nosso século, marcado pelos *mass media* ou instrumentos da comunicação social, o primeiro anúncio, a catequese ou o aprofundamento posterior da fé não podem desprezar estes meios. Colocados a serviço do Evangelho, são capazes de ampliar infinitamente o campo de escuta da Palavra de Deus e fazem chegar a Boa-Nova a milhões de pessoas. A Igreja sentir-se-ia culpada diante do seu Senhor se não empregasse estes poderosos meios que a inteligência humana torna cada dia mais aperfeiçoados; servindo-se deles a Igreja 'prega sobre os telhados' a mensagem de que é depositária; neles encontra uma versão moderna e eficaz do púlpito. Graças a eles consegue falar a multidões" (*Evangelii nuntiandi*, n. 45).

2. A "opinião pública" consiste no modo comum e coletivo de pensar e sentir de um grupo social mais ou menos vasto, em determinadas circunstâncias de lugar e tempo. Ela indica o que o povo comumente pensa sobre um determinado assunto, um fato, um problema de certo destaque. A opinião pública se forma pelo fato de um grande número de pessoas fazer seu o que algumas pessoas ou alguns grupos que gozam de uma especial autoridade cultural, científica ou moral pensam e dizem, considerando-o verdadeiro e justo. Isto mostra a grave responsabilidade dos que, pela sua cultura ou prestígio, formam a opinião pública ou influenciam de alguma forma sua formação. As pessoas têm o direito de pensar e sentir de acordo com o que é verdadeiro e justo, porque do modo de pensar e sentir

depende o agir moral. Isto será correto se o modo de pensar estiver de acordo com a verdade.

Deve-se ressaltar, a propósito, que a opinião pública tem uma grande influência sobre o modo de pensar, de sentir e de agir de todos os que – ou pela pouca idade ou por falta de cultura – são incapazes de emitir um juízo crítico. Assim, são muitos os que pensam e agem conforme a opinião comum, sem que estejam em grau de subtrair-se à sua pressão. Deve-se também ressaltar que a opinião pública tem uma forte influência sobre a formação das leis. Não há dúvida de que a introdução de leis injustas em alguns países como, por exemplo, a que legaliza o aborto, deve-se atribuir à pressão exercida pela opinião pública favorável a isto.

3. Disto se deduz a importância da formação de uma opinião pública moralmente sadia sobre problemas que dizem respeito mais de perto ao bem da humanidade do nosso tempo. Entre estes bens situamos os valores da vida, da família, da paz, da justiça e da solidariedade entre os povos.

É necessário que se forme uma opinião pública sensível ao valor absoluto da vida humana, de modo que seja reconhecido como tal em todos os estágios, desde a concepção até a morte, e de todas as formas, também as marcadas pela doença e pelos *handicap* físicos e espirituais. Está se difundindo uma mentalidade materialista e hedonista, segundo a qual a vida é digna de ser vivida somente quando é sadia, jovem e bela.

É necessário formar uma opinião pública justa sobre a família que ajude a superar alguns modos de pensar e de sentir não conformes aos desígnios de Deus, que a fez indissolúvel e fecunda. Infelizmente, difunde-se uma opinião pública favorável a uniões livres, ao divórcio e à drástica redução da natalidade com qualquer meio; opinião que deve ser corrigida porque nociva ao verdadeiro bem da humanidade, que será tanto mais feliz quanto mais a família for sadia e unida.

É preciso, depois, criar uma opinião pública sempre mais forte em favor da paz e daquilo que a constitui e mantém, como a valorização recíproca e a mútua concórdia entre os povos; a recusa de toda sorte de discriminação racial e de nacionalismo exasperado; o reconhecimento dos direitos e das justas aspirações dos povos; o desarmamento, primeiro dos espíritos e depois dos meios de destruição; o esforço de resolver pacificamente os conflitos. É claro que somente uma opinião pública forte favorável à paz pode barrar os que estivessem tentados de ver na guerra o caminho para resolver tensões e conflitos. "Os dirigentes dos povos – afirma a Constituição pastoral *Gaudium et spes* – dependem maximamente das opiniões e dos sentimentos das multidões. É inútil que eles se empenhem com tenacidade em construir a paz, enquanto sentimentos de hostilidade, de desprezo e de desconfiança, ódios raciais e ideologias obstinadas dividem os homens, jogando uns contra os outros. Disto vem a urgente necessidade de uma educação renovada dos ânimos e de uma nova orientação da opinião pública" (*Gaudium et spes*, n. 82).

Enfim, é necessária a formação de uma forte opinião pública em favor da solução dos angustiantes problemas da justiça social, da fome e do subdesenvolvimento. É preciso que estes problemas sejam hoje mais bem conhecidos em sua tremenda realidade e gravidade, que se crie uma forte e vasta opinião pública em seu favor, porque somente sob a vigorosa pressão desta os responsáveis políticos e econômicos dos países ricos serão induzidos a ajudar os países em via de desenvolvimento.

4. Especialmente urgente é a formação de uma opinião pública no campo moral e religioso. Com a finalidade de pôr um dique à difusão de uma mentalidade favorável ao permissivismo moral e à indiferença religiosa, é preciso formar uma opinião pública que respeite e aprecie os valores morais e religiosos, enquanto tornam o homem plenamente "humano" e dão plenitude de sentido à vida. O perigo do niilismo, isto é, a perda dos valores mais propriamente humanos, morais e religiosos, precipita-se como uma ameaça sobre a humanidade de hoje.

Uma opinião pública correta deve ser formada, depois, sobre a natureza, a missão e a obra da Igreja, vista por muitos, hoje, como uma estrutura simplesmente humana e não, como realmente é, como realidade misteriosa que encarna na história o amor de Deus e leva aos homens a palavra e a graça de Cristo.

5. No mundo atual os meios de comunicação social, em sua múltipla variedade – imprensa, cinema, rádio, televisão –, são os principais fatores da opinião pública. É grande, por isso, a responsabilidade moral de todos os que se servem destes meios ou são seus inspiradores. Estes meios devem ser postos a serviço do homem e, portanto, da verdade e do bem, que são os valores mais importantes e necessários do homem. Os que trabalham profissionalmente no campo da comunicação social devem sentir-se empenhados em formar e difundir opiniões públicas conformes à verdade e ao bem.

Em tal esforço devem distinguir-se os cristãos, bem conscientes de que, contribuindo para formar opiniões públicas favoráveis à justiça, à paz, à fraternidade, aos valores religiosos e morais, contribuem não pouco para a difusão do Reino de Deus, que é reino de justiça, de verdade e de paz. Na mensagem cristã que é dirigida ao bem e à salvação do homem, eles podem buscar inspiração para ajudar os seus irmãos a formar opiniões corretas e justas, porque conformes ao plano de amor e de salvação para o homem, que Deus revelou e tornou realidade em Jesus Cristo. A fé cristã e o ensinamento da Igreja, exatamente porque fundamentados em Cristo, caminho, verdade e vida, são luz e força para os homens na sua caminhada histórica.

Concluo esta mensagem com uma bênção especial para todos os que trabalham no campo da comunicação social com espírito cristão de serviço à verdade e de promoção dos valores morais e religiosos. Garantindo-lhes a minha oração, desejo encorajá-los neste trabalho, que exige coragem e coerência e que é um serviço à verdade e à liberdade. É, de fato, a verdade que torna livres os homens (cf. Jo 8,32). Por isso, trabalhar para a formação de uma opinião pública conforme à verdade é trabalhar para o crescimento da liberdade.

Cidade do Vaticano, 24 de janeiro de 1986,
Festa de São Francisco de Sales.

"COMUNICAÇÕES SOCIAIS E PROMOÇÃO DA JUSTIÇA E DA PAZ"
31 DE MAIO DE 1987

Caros responsáveis pelas comunicações sociais e caros usuários!

As comunicações sociais constituem uma plataforma de trocas e de diálogo que pode responder a uma viva preocupação do meu pontificado, como também do pontificado do meu predecessor Paulo VI (cf. Paulo VI, *Mensagem para a Sessão Especial das Nações Unidas sobre o Desarmamento*, 24 de maio de 1978, n. 5), de contribuir para uma passagem – na promoção da paz através da justiça – de um equilíbrio de terror a uma estratégia de confiança. Por isso me pareceu urgente propor-vos como tema do Dia Mundial para as Comunicações Sociais de 1987: "Comunicações sociais e promoção da justiça e da paz". Repeti amiúde e sublinho hoje acrescentando este corolário: a confiança não pode ser somente obra dos responsáveis políticos, mas deve nascer da consciência dos povos. Depois de ter já tratado do problema da paz (cf. João Paulo II, *Mensagem para celebração do Dia da Paz*, 1983), quero, neste ano, continuar convosco esta breve reflexão sobre a obra da justiça que realiza a paz, ou sobre a estratégia da confiança como complemento da justiça em vista da paz.

Sei que para vós, operadores das comunicações sociais, as massas não são multidões anônimas. Representam o contínuo desafio de reunir todos e cada um no próprio contexto de vida, cada um no seu nível de compreensão e sensibilidade, graças a tecnologias sempre mais avançadas e estratégias de comunicação sempre mais eficazes. Este convite poderia ressoar nas vossas consciências: transmitir a estratégia da confiança através da estratégia da comunicação, a serviço da justiça e da paz!

Vossa estratégia da comunicação é, em grande parte, uma estratégia da informação com a finalidade de contribuir para a construção desta sociedade do saber na qual estamos empenhados, aconteça o que acontecer.

Permiti que recorde o que já afirmei sobre este assunto: a paz do mundo depende de um melhor conhecimento dos homens e das comunidades; a informação qualificada da opinião pública tem uma influência direta sobre a promoção da justiça e da paz (cf. João Paulo II, *Mensagem para celebração do Dia da Paz*, 1982, nn. 6, 8). Vosso dever parece ir além das possibilidades humanas: informar para formar, enquanto a avalanche das notícias vos leva, de modo por vezes perigoso, aos quatro cantos da terra, sem vos permitir ponderar qualquer caso e qualquer acontecimento. E, portanto, os usuários dependem de vós para compreender os prejuízos do terror e as esperanças da confiança.

A paz não é possível sem o diálogo (cf. João Paulo II, *Mensagem para celebração do Dia da Paz*, 1986, nn. 4, 5), mas não se pode estabelecer um verdadeiro diálogo sem estar bem informados, de leste a oeste, de norte a sul. O vosso diálogo quer ser, além disso, um "diálogo total", isto é, um diálogo que se estabelece no âmbito de uma estratégia global da comunicação: de informação, com certeza, mas também de distração, de publicidade, de criação artística, de educação, de sensibilização aos valores culturais. É através desta estratégia da comunicação que se deveria realizar a estratégia da confiança. Do equilíbrio do temor ao do medo, até o equilíbrio do terror, brota uma "paz fria" – como dizia Pio XII – que não é a verdadeira paz. Somente da comunicação poderá fazer nascer – através do diálogo total – um desejo e uma expectativa de paz calorosa, como exigência, no coração dos povos. E, poder-se-ia acrescentar, uma "justiça fria" não é uma justiça verdadeira. A justiça não pode sobreviver senão na confiança. O contrário seria apenas uma "justiça contra" e não uma "justiça para" e uma "justiça com" cada pessoa humana.

Como estabeleceis a ligação entre a confiança e a estratégia da comunicação? Gostaria de desenvolver este tema de reflexão. Sei que a comunicação de massa é uma comunicação programada e cuidadosamente organizada. Por isso, é importante evocar o que poderia ser uma estratégia da confiança transmitida pelos meios de comunicação. Parece-me que esta estratégia poderia compreender sete momentos fundamentais: conscientizar, denunciar, renunciar, superar, contribuir, divulgar, afirmar.

Em primeiro lugar é necessário *conscientizar* ou, noutros termos, fazer obra de inteligência. Paulo VI não disse que a paz é uma obra de inteligência? Será preciso, portanto, através dos vários programas, ter consciência de que toda guerra pode fazer perder tudo e que nada se pode perder com a paz. Por isso, a estratégia da comunicação poderá, melhor que qualquer outro meio, fazer compreender as causas da guerra: as inumeráveis injustiças que conduzem à violência. Toda injustiça pode levar à guerra. A violência está dentro de nós; devemos livrar-nos dela para inventar a paz. Esta é uma obra de justiça que se realiza como fruto da inteligência. A inteligência, segundo o ensinamento do Concílio Vaticano II (*Gaudium et spes*, nn. 82-91), expressa-se sobretudo através das escolhas positivas sugeridas sobre as questões da justiça e da paz, diante da injustiça e da guerra. E é justamente aqui que o vosso papel se torna apaixonante, pelo espírito de iniciativa que ele comporta.

Comunicar as escolhas construtivas de justiça e de paz caminha junto com o vosso dever de *denunciar* todas as causas de violência e de conflito: armamentos generalizados, comércio de armas, opressões e torturas, terrorismo de todo tipo, militarização excessiva e preocupação exagerada com a segurança nacional, tensão norte-sul, todas as formas de dominação, ocupação, repressão, exploração e discriminação.

Se se quer denunciar de maneira coerente, é preciso também que cada um *renuncie* às raízes da violência e da injustiça. Uma das imagens mais solidamente integradas na produção dos meios de comunicação parece ser a do "ideal do mais forte, desta vontade de supremacia que não faz outra coisa a não ser aumentar o medo recíproco. Na linha do que afirmava João XXIII, é preciso chegar, na vossa produção, a um desarmamento dos espíritos" (cf. João XXIII, *Discurso aos jornalistas do Concílio*, 13 de outubro de 1962). Que progresso haveria no intercâmbio de comunicação, se o mercado estivesse abastecido abundantemente de programas que apresentam coisas bem diferentes desta vontade de domínio que inspira tantas obras atualmente em circulação! E que melhora qualitativa poder-se-ia obter se os usuários dos meios de comunicação "impusessem", com suas exigências e suas reações, a renúncia ao ideal do mais forte! Para agir num espírito de justiça, não basta "agir para e com" os outros ou, no mundo dos meios de comunicação, comunicar para cada um e com cada um.

A estratégia da confiança significa também *superar* todos os obstáculos para as "obras de justiça" em vista da paz. É preciso, em primeiro lugar, superar as barreiras da desconfiança. O que melhor do que as comunicações sociais pode superar todas as barreiras de raças, de classe, de culturas, que se digladiam? A desconfiança pode nascer de todas as formas de parcialidade e de intolerância social, política ou religiosa. A desconfiança nutre-se do desânimo que se transforma em derrotismo. A confiança, pelo contrário, é o fruto de uma atitude ética mais forte em todos os níveis da vida cotidiana. O Papa João XXIII recordava que é preciso superar, a qualquer custo, o desequilíbrio entre as possibilidades técnicas e o empenho ético da comunidade humana. E, vós bem o sabeis, quer sejais operadores ou usuários das comunicações, o mundo da comunicação é um mundo de explosão do progresso tecnológico. Também neste setor avançado da experiência humana, a exigência ética é a mais urgente em todos os níveis.

O vosso papel, além disso, é o de *contribuir* para tornar a paz possível através da justiça. A informação é o caminho da sensibilização, da verificação, do controle da realidade dos fatos nos caminhos da paz. Esta contribuição pode ser aprofundada pelos debates, pelas discussões públicas no meio da mídia. Talvez seja neste nível que a vossa imaginação vai ser posta à mais dura prova. E é justamente aqui que a resposta dos usuários é mais necessária.

Não se pode deixar, além disso, de *divulgar*, com insistência, tudo o que pode ajudar a fazer compreender, a fazer viver a paz e a justiça, desde as mais humildes iniciativas a serviço da paz e da justiça até os esforços das assembleias internacionais. Entre estas iniciativas, o dever de uma nova ordem mundial da informação e da comunicação, a serviço da paz e da justiça, com a garantia da difusão múltipla da informação, em favor de todos, ocupa um lugar importante, como já tive ocasião de lembrar por ocasião de um dos congressos da União Internacional da Imprensa Católica (cf. João Paulo II, *Discurso à UCIP*, 25 de setembro de 1980). O vosso papel de responsáveis pelas comunicações é o de uma educação permanente. O vosso dever de usuários é o de uma contínua busca de acesso a todos os dados que puderem formar a vossa opinião e tornar-vos sempre mais conscientes das vossas responsabilidades. Sejamos todos responsáveis pelo destino da justiça e da paz!

Entre todas as iniciativas que devem ser divulgadas, permiti-me que vos peça com insistência que não descuideis a apresentação da ideia cristã da paz e da justiça, da mensagem cristã sobre a paz e a justiça, sem esquecer as exortações ao empenho, e também à oração pela paz: dimensão insubstituível da contribuição eclesial às iniciativas de paz e em favor dos esforços para viver na justiça.

Tudo isto vós o sabeis, como faz supor a apresentação, através dos meios de comunicação social, da imagem verdadeira e completa da pessoa humana, fundamento de toda referência à justiça e à paz. Tudo o que fere a pessoa já é um "ato de guerra" que começa. Que consequências incalculáveis sofrerão cada uma das iniciativas de comunicação das quais sois os animadores!

Enquanto os meios de comunicação divulgam, é preciso, enfim, *afirmar* todas as condições preliminares, tendo em vista a justiça e a paz: os direitos inalienáveis da pessoa humana, as liberdades fundamentais na igualdade e em vista de uma participação de todos no bem comum, o respeito das legítimas prerrogativas, os deveres de indenização e de assistência... Mas, sobretudo, é preciso que venham à luz os valores da vida: não mais a existência afirmada como inexoravelmente integrada numa "luta pela vida", mas a vida vivida com a inteligência da sabedoria na bondade ou, ainda, o amor como fonte e como ideal de vida. Somente o amor, reinventando cada dia a fraternidade, poderá derrotar definitivamente o terror. Possa o amor, inspirado pelo dom de Deus, agir sobre estas "maravilhosas técnicas" da comunicação, que são também "dons de Deus!" (Pio XII, *Miranda prorsus*).

Na esperança de que estas palavras vos ajudem a não perder nunca de vista a justiça e a paz, desde o momento do planejamento dos vossos programas, para vós, caros operadores das comunicações sociais, até o momento da escuta ou da resposta, para vós, caros usuários, eu digo a todos a minha confiança e vos convido todos a trabalhar para a confiança a serviço de toda a humanidade. E neste espírito que vos concedo com alegria minha bênção apostólica.

Cidade do Vaticano, 24 de janeiro de 1987.

"COMUNICAÇÕES SOCIAIS E PROMOÇÃO DA SOLIDARIEDADE E FRATERNIDADE ENTRE OS HOMENS E OS POVOS"

15 DE MAIO DE 1988

Irmãos e irmãs,
caros amigos do mundo da informação e da comunicação!

1. Se fosse possível dizer um dia que "comunicar" equivale verdadeiramente a "fraternizar", que "comunicação" significa verdadeiramente "solidariedade humana", não seria este o mais belo marco das "comunicações de massa"? Queria propor-vos isso à vossa reflexão neste XXII Dia Mundial das Comunicações Sociais.

Falando de fraternidade, penso no significado profundo deste termo. Cristo é, de fato, o "primogênito numa multidão de irmãos" (Rm 8,29) que nos faz descobrir em cada pessoa humana, amiga ou inimiga, um irmão ou uma irmã. Vindo "não para condenar o mundo, mas para que o mundo seja salvo por ele" (cf. Jo 3,17), Cristo chama todos os homens à unidade. O Espírito de amor que ele doa ao mundo é também Espírito de unidade: São Paulo nos mostra o mesmo

Espírito que distribui dons diversos, que age nos diversos membros de um mesmo Corpo: "Há diversidade de dons [...] mas é o mesmo Deus que realiza tudo em todos" (1Cor 12,4-6).

2. Penso, antes de mais nada, no fundamento espiritual da fraternidade e da solidariedade, porque este significado cristão não é estranho à realidade humana fundamental de tais conceitos. A Igreja não considera a fraternidade e a solidariedade como valores exclusivamente seus. Vice-versa, temos sempre presente o modo com que Jesus elogiou o bom samaritano, que reconheceu um irmão no homem ferido, melhor que o sacerdote e o levita (cf. Lc 10,29-37). Da mesma forma o apóstolo Paulo convida a não desprezar os dons dos outros, mas a alegrar-se com a obra do Espírito em cada um dos nossos irmãos (cf. 1Cor 12,14-30).

A fraternidade e a solidariedade são fundamentais e urgentes: deveriam hoje marcar os povos e as culturas. A descoberta, na alegria, de relações felizes entre povos e entre culturas não seria a mais bela "festa" oferecida pelas comunicações de massa, o seu "espetáculo" mais bem-sucedido, na melhor acepção destes termos?

As comunicações de massa desenvolvem-se vertiginosamente. Os liames que elas criam entre os povos e culturas representam a sua contribuição mais preciosa. Mas sei que vós mesmos, os comunicadores, tendes consciência dos efeitos perversos que ameaçam desnaturar estas relações entre povos e entre culturas. A exaltação de si, o desprezo e a rejeição dos que são diferentes podem agravar as tensões ou as divisões. Gerando violência, estas atitudes distorcem e destroem a verdadeira comunicação, tornando impossível qualquer relação fraterna.

3. Para que possam existir uma fraternidade e uma solidariedade humana, e a mais forte razão para que se acentue sua dimensão cristã, é preciso que se reconheçam os valores elementares que elas subentendem. Recordo alguns: o respeito pelo outro, o sentido do diálogo, a justiça, a justificativa ética da vida pessoal e comunitária, a liberdade, a igualdade, a paz na unidade, a promoção da dignidade da pessoa humana, a capacidade de participação e de partilha.

A fraternidade e a solidariedade superam todo espírito de clã, de corporação, todo nacionalismo, todo racismo, todo abuso de poder, todo fanatismo individual, cultural e religioso.

Cabe aos artífices da comunicação de massa utilizar as técnicas e os meios à sua disposição com referência constante a uma consciência clara destes valores primários. Eis algumas aplicações concretas:

- as agências de informação e o conjunto da imprensa manifestam o seu respeito para com os outros através de uma informação completa e equilibrada;
- a difusão radiofônica da palavra atinge melhor a sua finalidade se oferece a todos a possibilidade de dialogar;
- os meios de comunicação, que são a expressão de grupos particulares, contribuem para reforçar a justiça, quando fazem ouvir a voz dos que estão privados dela;
- os programas de televisão abordam quase todos os aspectos da vida e as redes se prestam a inumeráveis interconexões; quanto mais se considera sua influência, tanto mais se impõe aos seus responsáveis a postura ética, para oferecer às pessoas e às comunidades imagens que favoreçam a integração das culturas, sem intolerância nem violência, a serviço da unidade;
- as possibilidades de comunicações pessoais por telefone, sua extensão telemática, sua difusão sempre mais ampla através dos satélites, permitem prever um suplemento de igualdade entre as pessoas, enquanto facilitam o acesso a estes meios de maior número delas, permitindo intercâmbios verdadeiros;
- a informática está presente, sempre mais, nas atividades econômicas e culturais; os bancos de dados acumulam uma quantidade até agora inimaginável de informações diversas: sabe-se que sua utilização pode comportar toda sorte de pressões ou de violências sobre a vida privada ou coletiva, enquanto uma gestão sábia destes meios torna-se uma condição verdadeira de paz;

- conceber espetáculos para divulgar através dos vários meios audiovisuais implica o respeito às consciências dos inumeráveis "espectadores";
- a comunicação publicitária desperta e desenvolve desejos e cria necessidades: os que a produzem ou a realizam devem lembrar-se das pessoas menos favorecidas para as quais os bens propostos permanecem inatingíveis.

Qualquer que seja o modo de intervenção, é necessário que os comunicadores observem um código de honra, que sejam conscientes da responsabilidade de difundir a verdade sobre o homem, que contribuam para uma nova ordem moral da informação e da comunicação.

4. Diante da rede cada vez mais densa e ativa das comunicações sociais no mundo, a Igreja, "perita em humanidade", preocupa-se somente em recordar incessantemente os valores que constituem a grandeza do homem. Para o cristão a Revelação de Deus em Cristo é uma luz sobre o mesmo homem. A fé na mensagem da salvação é a mais profunda das motivações para servir o homem. Os dons do Espírito Santo obrigam a servir o homem numa solidariedade fraterna.

Poderíamos perguntar: não somos talvez muito confiantes sobre a abertura de tais perspectivas? E as tendências que se apresentam no setor da comunicação de massa nos autorizam a nutrir tais esperanças?

Aos corações perturbados pelos riscos das novas tecnologias da comunicação, eu responderia: "Não tenhais medo". Não ignoramos a realidade na qual vivemos, mas a lemos mais profundamente. Identificamos, à luz da fé, os sinais autênticos dos tempos. A Igreja, preocupada com o homem, conhece a aspiração profunda do gênero humano à fraternidade e à solidariedade, aspiração muitas vezes frustrada, desfigurada, mas indestrutível porque gravada no coração do homem pelo mesmo Deus, que criou nele a exigência da comunicação e da capacidade para desenvolvê-la em escala planetária.

5. No limiar do Terceiro Milênio, a Igreja lembra ao homem que a fraternidade e a solidariedade não podem ser somente condições

de sobrevivência: estas são características de sua vocação; uma vocação que os meios de comunicação social lhe permitem realizar livremente.

Deixai-me, portanto, que diga a todos, especialmente neste Ano Mariano: "Não tenhais medo". Maria também não ficou apavorada diante do anúncio que trazia o sinal da salvação oferecida a toda a humanidade?

"Feliz aquela que acreditou", como testemunha Isabel (Lc 1,45). Justamente por causa desta sua fé, a Virgem Maria acolhe a vontade de Deus, entra no mistério da comunicação trinitária e, tornando-se mãe de Cristo, inaugura na história uma nova fraternidade.

Felizes os que creem, os que a fé liberta do temor e abre à esperança, levando-os a formar um mundo onde, na fraternidade e na solidariedade, há ainda lugar para uma comunicação da alegria!

Animado por esta alegria profunda pelos dons da comunicação, recebidos para a edificação de todos, nesta fraternidade solidária, invoco sobre cada um de vós a bênção do Altíssimo.

Cidade do Vaticano, 24 de janeiro de 1988,
Festa de São Francisco de Sales.

"A RELIGIÃO NOS *MASS MEDIA*"
7 DE MAIO DE 1989

Caros irmãos e irmãs, caros amigos, operadores da informação e da comunicação!

1. O tema do Dia Mundial das Comunicações sociais reveste-se, neste ano, de uma importância especial pela presença da Igreja e pela sua participação no diálogo público: "A religião nos *mass media*". Nos nossos dias as mensagens religiosas, como as mensagens culturais, causam um impacto crescente graças aos meios de comunicação social. A reflexão da qual desejaria que participásseis comigo nesta ocasião corresponde a uma preocupação constante do meu pontificado: que lugar a religião poderia ocupar na vida social e, mais precisamente, nos *mass media*?

2. A Igreja, na sua ação pastoral, pergunta-se naturalmente qual deveria ser a atitude dos meios de comunicação social diante da "religião". Ao mesmo tempo em que se desenvolvem os meios e as técnicas de comunicação, o mundo industrial, que lhe deu um impulso muito grande, manifestava um "secularismo" que parecia comportar o desaparecimento do sentido religioso do "homem moderno".

3. Apesar disso, constata-se hoje que a informação religiosa tende a conseguir mais espaço nos meios de comunicação, por causa do interesse maior para com a dimensão religiosa das realidades humanas. Para analisar este fenômeno seria preciso perguntar aos leitores dos jornais, aos telespectadores e aos ouvintes de rádio, uma vez que não se trata de uma presença imposta aos meios de comunicação, mas de uma exigência específica do público a quem os responsáveis pela comunicação de massa respondem, dando mais espaço à informação e ao comentário de assuntos religiosos. No mundo inteiro, há milhões de pessoas que recorrem à religião para conhecer o sentido da própria vida, milhões de pessoas para as quais a relação religiosa com Deus, Criador e Pai, é a realidade mais feliz da existência humana. Os profissionais da comunicação conhecem bem esta realidade, tomam consciência dela e analisam as possíveis implicações. E, mesmo se esta dialética entre operadores da informação e público da comunicação social é marcada, às vezes, pela imperfeição e pela parcialidade, existe um fato positivo: a religião, hoje, está presente na corrente de informação dos *mass media*.

4. Por uma feliz coincidência de circunstâncias, o Dia Mundial das Comunicações Sociais coincide com o 259º aniversário da fundação da Comissão Pontifícia para as Comunicações Sociais, que posteriormente será um "Conselho Pontifício". Que conclusão se pode tirar depois de vinte e cinco anos gastos a serviço do apostolado das comunicações? Certamente a Igreja mesma soube discernir com maior clareza os "sinais dos tempos" que implica o fenômeno da comunicação. O meu predecessor Pio XII já tinha convidado a ver nos *mass media* não uma ameaça, mas um dom (cf. Pio XII, *Miranda prorsus*, 1957). O Concílio Vaticano II, por sua vez, confirmava solenemente esta postura positiva (*Inter mirifica*, 1964). A Comissão Pontifícia que nascia então e que encontra hoje, como Conselho Pontifício, a sua dimensão completa, empenhou-se com perseverança em promover na Igreja uma atitude de participação e de criatividade neste setor, ou melhor, neste novo estilo de vida e de partilha da humanidade.

5. A questão que a Igreja se coloca não é mais a de saber se o homem da rua pode ainda receber uma mensagem religiosa, mas a de encontrar linguagens de comunicação melhores para obter o maior impacto possível da mensagem evangélica. O Senhor nos encoraja diretamente, e muito simplesmente, a prosseguir no caminho do testemunho e da comunicação mais ampla: "Não tenhais medo deles [...] o que escutais ao pé do ouvido, proclamai-o sobre os telhados!" (Mt 10,26-27). Do que se trata? O evangelista retoma assim: "Declarar-se por [Cristo] diante dos homens" (cf. Mt 10,32). Eis, pois, a audácia ao mesmo tempo humilde e serena que inspira a presença cristã em meio ao diálogo público dos *mass media*! São Paulo nos diz: "Anunciar o Evangelho não é para mim motivo de glória. É antes uma necessidade que se me impõe" (1Cor 9,16). A mesma fidelidade se expressa em toda a Escritura: "Anunciei com a alegria tua justiça na grande assembleia" (Sl 40,10) e "Todos serão dominados pelo temor, anunciarão as obras de Deus e entenderão o que ele fez" (Sl 64,10). Comunicadores e receptores dos *mass media*, tendes a possibilidade de perguntar-vos, uns aos outros, sobre a exigência e a constante novidade desta "religião pura e genuína" que nos convida a "guardar[-nos] livres da corrupção do mundo" (Tg 1,27). Operadores dos *mass media*, estes poucos traços de sabedoria bíblica far-vos-ão compreender que o grande desafio do testemunho religioso no diálogo público é o da autenticidade das mensagens e dos intercâmbios, bem como o desafio da qualidade dos programas e das produções.

6. Em nome de toda a Igreja desejo agradecer o mundo da comunicação pelo espaço que oferece à religião nos *mass media*. Externando esta gratidão, estou certo de interpretar o sentimento de todas as pessoas de boa vontade, mesmo que, muitas vezes, possa parecer que a presença cristã no debate público deva ser melhorada. Ficarei feliz de emprestar minha voz para dizer um muito obrigado pelo espaço concedido à religião na informação, na documentação, no diálogo, na coleta de dados.

Queria também pedir a todos os operadores da comunicação que se mostrem, com a sua deontologia, profissionalmente dignos das ocasiões que lhe são oferecidas de apresentar a mensagem de esperança e de reconciliação com Deus, no meio dos *mass media* de qualquer tipo. Os "dons de Deus" (cf. Pio XII, *Miranda prorsus*) não são, aqui, o misterioso encontro entre as possibilidades tecnológicas das linguagens da comunicação e a abertura do espírito à iniciativa luminosa do Senhor nos seus testemunhos? E neste nível que se coloca a qualidade da nossa presença eclesial no debate público. A santidade do apóstolo, mais do que nunca, pressupõe uma "divinização" (conforme as palavras dos Padres da Igreja) da criatividade de toda a humanidade. E também por esta razão que a celebração litúrgica dos mistérios da fé não pode ser ignorada pelos *mass media* neste amplo movimento de presença no mundo de hoje.

7. Pensando em tudo isso, formulo com simplicidade e com confiança uma proposta que me vem do coração e se inspira no mesmo sentimento de amizade com o qual Paulo se dirige a Filêmon: "Escrevo-te, contando com a tua obediência e sabendo que farás ainda mais do que peço" (Fm 1,21). Eis a minha proposta: dai à religião todo o espaço que julgais desejável na comunicação de massa: "Abre as portas [...]: tu lhe conservas a paz" (cf. Is 26,2a.3a). É isto que peço em favor da religião. Vereis, caros amigos, que estes temas religiosos vos apaixonarão, à medida que forem apresentados com profundidade espiritual e com competência profissional. Aberta à mensagem religiosa, a comunicação lucrará em qualidade e interesse! Aos operadores eclesiais dos *mass media*, repito: não tenhais medo; "recebestes o Espírito que, por adoção, vos torna filhos, e no qual clamamos: 'Abbá, Pai!'" (cf. Rm 8,15).

A mensagem religiosa e as iniciativas religiosas possam estar presentes em todos os *mass media*: na imprensa de informação audiovisual, na criação cinematográfica, nas "memórias" e nos intercâmbios informáticos dos bancos de dados, na comunicação teatral e nos espetáculos culturais de alto nível, nos debates de opiniões e na reflexão comum sobre a atualidade, nos serviços de formação e de educação do público, em todas as produções dos *mass media* de grupo, graças a desenhos animados e revistas em quadrinhos de qualidade, graças às amplas possibilidades oferecidas pela difusão de escritos, das gravações sonoras e visuais, nos momentos de distensão musical das estações de rádio locais ou de grande difusão! Meu desejo mais ardente é que os circuitos católicos e cristãos possam colaborar de maneira construtiva com os circuitos de comunicação cultural de qualquer espécie, superando as dificuldades de concorrência em vista do bem último da mensagem religiosa. A Igreja mesma, nesta ocasião, convida a levar em consideração, com seriedade, as exigências da colaboração ecumênica e inter-religiosa nos *mass media*.

8. Concluindo esta mensagem, não posso deixar de encorajar todos os que levam a sério o apostolado da comunicação, a empenhar-se com entusiasmo, no respeito de cada um, na grande obra da evangelização oferecida a todos os homens: "Tu, vai e anuncia o Reino de Deus" (Lc 9,60). Não podemos deixar de dizer qual é a mensagem nova, porque é proclamando e vivendo a Palavra que nós próprios compreenderemos as profundidades inenarráveis do dom de Deus.

No acolhimento da vontade de Deus e com confiança, digo-vos a todos, operadores e público, a minha alegria diante do extraordinário espetáculo dos liames criados muito além das distâncias e "muito acima dos tetos" para tomar parte na busca e aprofundamento de uma "religião pura e genuína", e invoco sobre vós a bênção do Senhor.

Cidade do Vaticano, 24 de janeiro de 1989.

"A MENSAGEM CRISTÃ NA CULTURA INFORMÁTICA ATUAL"
27 DE MAIO DE 1990

Irmãos e irmãs, caros amigos!

A Igreja, numa de suas orações eucarísticas, dirige-se a Deus com estas palavras: "Criastes o homem à vossa imagem e lhe confiastes todo o universo, para que, servindo a vós, seu Criador, dominasse toda criatura" (*Oração eucarística* IV).

Para o homem e a mulher, criados e encarregados desta tarefa por Deus, o trabalho cotidiano tem um significado grande e maravilhoso. As ideias do povo, as atividades e as ocupações de cada ser humano – por mais comuns que possam ser – são usadas pelo Criador para renovar o mundo, para conduzi-lo à salvação, para torná-lo um instrumento mais perfeito da glória divina.

Há aproximadamente vinte e cinco anos, os Padres do Concilio Vaticano II, refletindo sobre a Igreja no mundo moderno, declararam que os homens e as mulheres, trabalhando para as suas famílias e para as comunidades com as suas ocupações cotidianas, podiam considerar o trabalho como "um prolongamento do trabalho do Criador [...] e como sua contribuição pessoal à realização dos desígnios divinos na história" (*Gaudium et spes*, n. 34).

Os Padres do Concílio, olhando para o futuro e buscando discernir o contexto no qual a Igreja foi chamada a realizar a sua missão, puderam ver claramente que o progresso da tecnologia estava já "transformando a face da terra", chegando até a conquistar o espaço (*Gaudium et spes*, n. 5). Reconheceram que os progressos da tecnologia das comunicações, especialmente, eram de tais proporções que provocavam reações em cadeia com consequências imprevisíveis.

Longe de querer sugerir que a Igreja deva manter-se a distância ou procurar isolar-se do fluxo destes acontecimentos, os Padres conciliares viram que a Igreja está no coração do progresso humano, partícipe das experiências do resto da humanidade, para procurar compreendê-las e interpretá-las à luz da fé. É próprio dos fiéis do povo de Deus o dever de fazer uso criativo das novas descobertas e tecnologias para o bem da humanidade, e a realização do desígnio de Deus para o mundo.

O reconhecimento das mudanças rápidas e esta abertura aos novos desenvolvimentos mostraram-se exatos nos anos seguintes, porque os ritmos da mudança e do desenvolvimento foram se acelerando ainda mais. Hoje, por exemplo, não se pensa ou não se fala mais de comunicações sociais como simples instrumentos ou tecnologias. São, antes, considerados como parte de uma cultura sempre em evolução cujas implicações ainda não se veem com precisão e cujas potencialidades são, no momento, só parcialmente desfrutadas.

Este é o fundamento das nossas reflexões sobre este XXIV Dia Mundial das Comunicações Sociais. Cada dia que passa torna-se sempre mais realidade o que há alguns anos era somente uma visão. Uma visão que previa a possibilidade de um diálogo concreto entre povos longínquos, de um intercâmbio universal de ideias e aspirações, de um crescimento no conhecimento e na compreensão recíprocos, de um fortalecimento da fraternidade, muito além das muitas barreiras no momento insuperáveis (*Communio et progressio*, nn. 181, 182).

Com o advento das telecomunicações computadorizadas e dos chamados sistemas computadorizados de participação, foram oferecidos à Igreja outros meios para o cumprimento de sua missão. Métodos de comunicação agilizada e de diálogo entre os seus mesmos membros podem fortalecer os liames de unidade entre si. O acesso imediato à informação permite à Igreja aprofundar o diálogo com o mundo contemporâneo. Na nova cultura do computador a Igreja pode informar mais rapidamente o mundo sobre o seu "credo" e explicar as razões de sua posição sobre cada problema ou acontecimento. Pode escutar mais claramente a voz da opinião pública, e entrar num debate contínuo com o mundo que a cerca, empenhando-se assim, mais tempestivamente, na busca comum de soluções dos muitos e urgentes problemas da humanidade (*Communio et progressio*, nn. 114ss).

A Igreja deve, evidentemente, valer-se também dos novos recursos oferecidos pela pesquisa no campo da tecnologia do computador e do satélite para a sua sempre mais estimulante tarefa de evangelização. A mensagem vital e mais urgente da Igreja diz respeito ao conhecimento de Cristo e ao caminho de salvação que ele oferece. É isto que a Igreja deve apresentar às pessoas de qualquer idade, convidando-as a abraçar o Evangelho com amor, sem esquecer que "a verdade não se impõe senão pela forma da mesma verdade, que penetra as mentes suavemente e ao mesmo tempo com vigor" (*Dignitatis humanae*, n. 1).

Como a sabedoria e o discernimento dos anos passados nos ensinam, "Deus falou à humanidade segundo a cultura própria de cada época. Igualmente a Igreja, vivendo no correr dos séculos em condições diversas, usou os recursos das diferentes culturas para difundir e explicar a mensagem de Cristo" (*Gaudium et spes*, n. 58). "O primeiro anúncio, a catequese ou o aprofundamento posterior da fé não podem desprezar os meios [de comunicação social]. [...] A Igreja sentir-se-ia culpada diante do seu Senhor se não empregasse estes meios poderosos que a inteligência humana torna cada dia mais aperfeiçoados. Servindo-se deles a Igreja 'prega sobre os telhados' a mensagem da qual é depositária" (Paulo VI, *Evangelii nuntiandi*, n. 45).

Certamente devemos ser agradecidos à nova tecnologia que nos permite armazenar a informação em vastas memórias artificiais criadas pelo homem, fornecendo assim um amplo e imediato acesso aos conhecimentos, que são o nosso patrimônio humano, à tradição e ao ensinamento da Igreja, às palavras da Sagrada Escritura, aos ensinamentos dos grandes mestres da espiritualidade, à história e às tradições das Igrejas locais, das ordens religiosas e dos Institutos Seculares, e às ideias e experiências de precursores e inovadores cujas intuições dão um testemunho contínuo da presença fiel no nosso meio de um Pai amoroso que tira do seu tesouro coisas novas e velhas (cf. Mt 13,52).

Os jovens, especialmente, estão se adaptando rapidamente à cultura do computador e à sua "linguagem", e este seguramente é um motivo de satisfação. Confiemos nos jovens (*Communio et progressio*, n. 70)! Eles tiveram a vantagem de crescer contemporaneamente ao desenvolvimento destas novas tecnologias, e a sua tarefa será a de empregar estes nossos instrumentos para um mais amplo e intenso diálogo entre todas as diversas raças e classes que habitam este "mundo sempre menor". Caberá a eles descobrir os modos com os quais os novos sistemas de conservação e intercâmbio de dados podem ser utilizados para uma contribuição à promoção de uma maior justiça universal, de um maior respeito dos direitos humanos, de um sadio desenvolvimento de todos os indivíduos e povos, e das liberdades que são essenciais para uma vida plenamente humana.

Todos, jovens e velhos, acolhamos o desafio das novas descobertas e tecnologias, enquadrando-as numa visão moral fundada sobre a nossa fé religiosa, sobre o nosso respeito para com a pessoa humana e sobre o nosso empenho de transformar o mundo conforme os desígnios de Deus! Neste Dia Mundial das Comunicações Sociais, rezemos para que as potencialidades da "era do computador" sejam usadas a serviço da vocação humana e transcendente do homem, de tal forma que glorifiquem o Pai de quem têm origem todas as coisas boas.

Cidade do Vaticano, 24 de janeiro de 1990.

"OS MEIOS DE COMUNICAÇÃO PARA A UNIDADE E O PROGRESSO DA FAMÍLIA HUMANA"
12 DE MAIO DE 1991

Caros Irmãos e Irmãs!

Na ocasião da celebração do Dia Mundial das Comunicações Sociais, voltamos ao tema que foi a mensagem central da Instrução pastoral *Communio et progressio*, aprovada pelo Papa Paulo VI em 1971, a respeito da aplicação do Decreto do Concílio Vaticano II sobre os meios de comunicação social. Estruturada de conformidade com os desejos dos Padres conciliares, a Instrução identificava, na unidade e no progresso da família humana, os objetivos principais da comunicação social e de todos os meios dos quais ela se serve. Comemorando os vinte anos desse importante documento, desejo evocar esta consideração fundamental para convidar os membros da Igreja a refletir, mais uma vez, sobre os graves problemas e sobre as novas, ricas oportunidades que o contínuo desenvolvimento dos meios de comunicação social proporcionam, sobretudo em relação à unidade e ao progresso de todos os povos.

Há muito tempo a Igreja considera que os meios de comunicação (imprensa, rádio, televisão e cinema) devem ser considerados como "dons de Deus" (cf. Pio XII, *Miranda prorsus*). Desde que foi publicada a Instrução pastoral o elenco dos "dons", inclusive dos meios de comunicação, continuou a crescer. Hoje, a humanidade dispõe de meios como os satélites, computadores, videogravadores e métodos de transmissão e de informação sempre mais avançados. A finalidade destes novos dons é a mesma dos meios de comunicação mais tradicionais: aproximar-nos uns dos outros, mais intimamente, na fraternidade e na compreensão mútua, e ajudar-nos a progredir na busca de nosso destino humano, como amados filhos e filhas de Deus.

A ligação desta consideração de ordem geral com a reflexão que quero oferecer-vos nesta ocasião é clara e direta: o uso de meios de comunicação tão poderosos, hoje à completa disposição do homem, exige de todos os que estão neles envolvidos um alto senso de responsabilidade. Nas palavras da Instrução pastoral de 1971, os meios são "meios de comunicação inanimados". Se eles cumprem ou não o escopo pelo qual nos foram dados, depende, em grande parte, da sabedoria e do senso de responsabilidade com o qual se faz uso deles.

Do ponto de vista cristão, os meios de comunicação são maravilhosos meios à disposição do homem para enlaçar, com a ajuda da Divina Providência, relações sempre mais estreitas e construtivas entre os indivíduos e toda a humanidade. De fato, graças à sua difusão, os meios estão em condições de criar uma nova linguagem que dá condições aos homens de se conhecer e de se compreender com maior facilidade, e, portanto, de trabalhar melhor e juntos para o bem comum (*Communio et progressio*, n. 12).

No entanto, se os meios de comunicação são chamados a ser veículos eficazes de amizade e de autêntica promoção do homem, devem ser canais e expressão de verdade, de justiça e de paz, de boa vontade e caridade operante, de ajuda mútua, de amor e de comunhão (*Communio et progressio*, nn. 12 e 13). Se os meios servem para enriquecer ou empobrecer a natureza do homem, vai depender da visão moral e da responsabilidade ética dos que estão envolvidos no processo de comunicação, e dos que são destinatários da mensagem dos meios de comunicação.

Neste quadro, cada membro da família humana, do mais simples consumidor ao mais importante produtor de programas, tem uma responsabilidade individual. Apelo, pois, aos pastores da Igreja e aos fiéis católicos que estão empenhados no mundo da comunicação, para que renovem os próprios conhecimentos dos princípios e das linhas diretivas tão claramente enunciadas na *Communio et progressio*. Que possam compreender onde está o seu dever e possam nisso buscar coragem para levar avante os seus deveres como serviço fundamental para a união e o progresso da família humana.

Desejo que este XXV Dia Mundial das Comunicações Sociais seja uma ocasião para que as paróquias e as comunidades locais renovem sua atenção sobre a realidade dos meios de comunicação e sua influência sobre a sociedade, sobre a família e sobre os indivíduos, especialmente as crianças e os jovens.

Vinte anos depois da *Communio et progressio* é possível aderir inteiramente à advertência expressa no documento e às suas expectativas sobre os progressos da comunicação: "Deste modo novas e cada vez maiores responsabilidades cabem ao povo de Deus; pois, nunca como agora, se depararam tão grandes possibilidades de pôr os meios de comunicação a serviço do progresso de toda a raça humana e, em particular, dos povos do Terceiro Mundo; de aprofundar o sentimento de fraternidade entre os homens e de proclamar a Boa-Nova da Salvação até os últimos confins do mundo" (*Communio et progressio*, n. 182).

Peço ardentemente a Deus que vos guie e vos ajude na realização desta grande esperança, desta grande tarefa!

Cidade do Vaticano, 24 de janeiro de 1991,
Festa de São Francisco de Sales.

"A PROCLAMAÇÃO DA MENSAGEM DE CRISTO NOS MEIOS DE COMUNICAÇÃO"
31 DE MAIO DE 1992

Caros irmãos e irmãs!

Já há vinte e seis anos, conforme estabeleceu o Concílio Vaticano II, a Igreja celebra um Dia Mundial dedicado às comunicações sociais.

O que este Dia celebra? A celebração é uma maneira de avaliar com gratidão um dom específico de Deus, um dom que tem um significado enorme para o período da história que estamos vivendo, o dom de todos os meios tecnológicos que facilitam, intensificam e enriquecem as comunicações entre os seres humanos.

Neste dia, nós celebramos os dons divinos da palavra, do ouvido e da vista, que nos permitem sair do nosso isolamento e da nossa solidão para trocar, com aqueles que nos rodeiam, os pensamentos e os sentimentos que surgem nos nossos corações. Nós celebramos os dons da escrita e da leitura, através dos quais a sabedoria dos nossos antepassados é posta à nossa disposição, e a nossa experiência e as nossas reflexões são transmitidas às gerações futuras. Depois, como se estes prodígios não bastassem, nós reconhecemos o valor de "maravilhas" sempre mais prodigiosas: "as maravilhosas invenções técnicas que a inteligência humana conseguiu, com a ajuda de Deus, produzir a partir das coisas criadas" (*Inter mirifica*, n. 1); invenções que, no nosso tempo, aumentaram e ampliaram incomensuravelmente o raio de ação sobre o qual as nossas comunicações podem viajar e ampliaram o volume de nossa voz, tanto que ela pode chegar simultaneamente aos ouvidos de multidões incalculáveis.

Os meios de comunicação – e nós não excluímos nenhum deles de nossa celebração – são o ingresso de todo homem e de toda mulher à praça moderna do mercado onde se expressam publicamente os pensamentos, onde se trocam ideias, as notícias se fazem circular e são transmitidas e recebidas as informações de todo tipo (*Redemptoris missio*, n. 37). Por todos estes dons nós louvamos o nosso Pai celeste do qual vem "todo dom precioso e toda dádiva perfeita" (Tg 1,17).

A nossa celebração, que é essencialmente de alegria e de agradecimento, é necessariamente temperada pela tristeza e pela queixa. Os meios de comunicação que estamos celebrando recordam-nos constantemente as limitações da nossa condição humana, a presença do mal nos indivíduos e na sociedade, da violência insensata e da injustiça que os seres humanos exercem, um contra o outro, com inumeráveis pretextos. Diante dos meios de comunicação frequentemente nos encontramos na posição de espectadores indefesos, que assistem a atrocidades cometidas em todo o mundo, por causa de rivalidades históricas, de preconceitos raciais, de desejos de vingança, da sede de poder, da avidez de possuir, do egoísmo, da falta de respeito pela vida humana e pelos direitos humanos. Os cristãos lamentam estes fatos e as suas motivações. Mas são chamados a fazer muito mais; devem esforçar-se para vencer o mal com o bem (cf. Rm 12,21).

A resposta cristã ao mal é, antes de tudo, escutar atentamente a Boa-Nova e tornar sempre mais presente a mensagem de salvação de Deus em Jesus Cristo. Os cristãos têm a "Boa-Nova" para anunciar, a mensagem de Cristo; e a sua alegria é de partilhar esta mensagem com cada homem ou mulher de boa vontade que esteja preparado para escutar.

Uma mensagem que devemos anunciar, antes de tudo, com o testemunho das nossas vidas, porque, como o Papa Paulo VI disse sabiamente, "O homem contemporâneo escuta com melhor boa vontade as testemunhas do que os mestres, ou então, se escuta os mestres, é porque eles são testemunhas" (*Evangelii nuntiandi*, n. 41). Somos chamados a ser como uma cidade colocada sobre um monte, como uma lâmpada sobre um candelabro, visível por todos, de modo que a nossa luz brilhe como um farol que indica o caminho seguro para um porto sereno (cf. Mt 5,13-14).

O testemunho que damos com nossa vida, como indivíduos e como comunidade, expressando os princípios e os valores que professamos como cristãos, colocado diante do mundo por todos os meios de comunicação em condições de refletir verdadeiramente a realidade dos fatos, é uma forma de proclamação da mensagem de Cristo, capaz de fazer um grande bem. Como seria eficaz este testemunho universal dos membros da Igreja!

Mas dos seguidores de Cristo espera-se uma proclamação ainda mais explícita. Nós temos o dever de proclamar os nossos princípios, sem medo e sem compromissos, "à luz do dia" e "sobre os telhados" (cf. Mt 10,27; Lc 12,3), adaptando a mensagem divina, naturalmente, "ao modo de falar dos homens do nosso tempo e à sua mentalidade" (*Communio et progressio*, n. 11s) e sempre com aquela sensibilidade para com suas reais convicções, sensibilidade que esperamos deles para as nossas convicções. Uma proclamação exercida no duplo respeito, sobre o qual a Igreja insiste, para com todos os seres humanos, sem exceção, na sua procura de respostas aos mais profundos problemas existenciais, por um lado e, por outro, para com a ação do Espírito, misteriosamente presente em cada ser humano (*Redemptoris missio*, n. 29).

Queremos lembrar que Cristo não obrigou ninguém a aceitar os seus ensinamentos; apresentou-os a todos, sem exceção, mas deixou cada um livre de responder ao seu convite. É este o exemplo que nós, seus discípulos, seguimos. Nós afirmamos que todos os homens e todas as mulheres têm o direito de ouvir a mensagem de salvação que ele nos deixou; e afirmamos para eles o direito de acolhê-la, se estiverem convencidos.

Longe de nos sentirmos, sob qualquer pretexto, obrigados a pedir perdão por querer colocar a mensagem de Cristo à disposição de todos, nós afirmamos com plena convicção que este é um nosso precioso direito e dever.

Disto decorre para os cristãos o direito-dever paralelo de usar, para este fim, todos os novos meios de comunicação que caracterizam o nosso tempo. Na verdade, "a Igreja viria a sentir-se culpável diante do seu Senhor, se não lançasse mão destes meios potentes que a inteligência humana torna cada dia mais aperfeiçoados" (*Evangelii nuntiandi*, n. 45).

É fácil compreender que estes "meios potentes" exigem uma habilidade específica e capacidade por parte dos que os utilizam, e que, para comunicar de modo inteligível através destas "novas linguagens", é preciso que haja uma postura e um treinamento especial.

A propósito, na ocasião do Dia Mundial das Comunicações, lembro as atividades dos católicos, realizadas por indivíduos e uma miríade de instituições e organizações católicas dos meios de comunicação: o Secretariado Católico Internacional para o Cinema (OCIC), a União Católica Internacional da Imprensa (UCIP) e a Associação Católica Internacional para o Rádio e a Televisão (UNDA). A eles, em particular, e aos muitos recursos de conhecimento profissional, de habilidade e de empenho dos seus associados em cada nação, a Igreja se dirige com esperança e com confiança, na busca do modo melhor de proclamar a mensagem de Cristo, numa forma adaptada aos meios, hoje à sua disposição, e com uma linguagem que seja inteligível às culturas às quais deve ser dirigida, condicionadas pelos meios de comunicação.

À numerosa multidão dos profissionais católicos dos meios de comunicação, homens e mulheres, leigos em sua grande maioria, deve ser lembrada, neste dia especial, a enorme responsabilidade que pesa sobre eles, mas deve também fazer sentir o apoio espiritual e a firme solidariedade de que gozam por parte de toda a comunidade dos fiéis. Queria encorajá-los a fazer sempre maiores e oportunos esforços, quer na comunicação da mensagem, através dos meios de comunicação, quer no convite aos outros a que façam o mesmo. Dirijo-me a todas as organizações católicas, às congregações religiosas e aos movimentos eclesiais, mas, de modo especial, às Conferências Episcopais, tanto nacionais como continentais, para que se empenhem em promover a presença da Igreja nos meios de comunicação e em realizar uma maior coordenação das realidades católicas que trabalham neste setor. No cumprimento da sua missão a Igreja tem necessidade de contar com um uso mais amplo e eficaz dos meios de comunicação social.

Que Deus seja a força e o sustentáculo de todos os católicos que trabalham no mundo da comunicação, enquanto renovam seu empenho no trabalho para o qual Ele claramente os destinou. Como sinal de sua divina presença e de sua ajuda onipotente para a sua obra, com alegria concedo-lhes minha bênção apostólica.

Cidade do Vaticano, 24 de janeiro de 1992,
Festa de São Francisco de Sales.

"VIDEOCASSETE E AUDIOCASSETE NA FORMAÇÃO DA CULTURA E DA CONSCIÊNCIA"
23 DE MAIO DE 1993

Caros irmãos e irmãs!

Há um ano da publicação da Instrução pastoral *Aetatis novae* sobre os meios de comunicação social, convido-vos a todos, ainda uma vez, a refletir sobre a visão que a Instrução apresentou do mundo moderno e sobre as implicações práticas das situações nela descritas. A Igreja não pode ignorar as mudanças, muitas e sem precedentes, causadas pelo progresso neste importante e onipresente aspecto da vida moderna. Cada um de nós deve perguntar-se sobre a sabedoria necessária para aproveitar as oportunidades que o desenvolvimento da tecnologia moderna da comunicação oferece ao serviço de Deus e do seu povo reconhecendo, ao mesmo tempo, os desafios que o progresso impõe, inevitavelmente.

Como a Instrução pastoral *Aetatis novae* nos lembra, "a comunicação conhece uma expansão considerável que influencia profundamente o conjunto das culturas de todo o mundo" (*Aetatis novae,*

n. 1). Podemos, na verdade, falar de uma "nova cultura" criada pelas comunicações modernas, que envolve a todos, especialmente as gerações mais jovens; cultura que é resultado, em grande parte, dos progressos tecnológicos que despertaram "novos modos de comunicar, com novas linguagens, novas técnicas e novas atitudes psicológicas" (*Redemptoris missio*, n. 37). A Igreja, hoje, coloca seu empenho para cumprir a missão de proclamar a Palavra de Deus e enfrenta o grande desafio de evangelizar esta nova cultura, expressando a imutável verdade do Evangelho nesta linguagem. Uma vez que todos os crentes estão envolvidos nestas mudanças, cada um de nós é chamado a adaptar-se às situações que mudam e a descobrir modos eficazes e responsáveis de usar os meios de comunicação social para a glória de Deus e a serviço de sua criação.

Na minha mensagem para o Dia Mundial das Comunicações Sociais do ano passado, lembrava que entre as realidades que celebramos nesta ocasião anual estão os dons, concedidos por Deus, da palavra, do ouvido e da vista, por meio dos quais é possível a comunicação entre nós. Neste ano, o tema do Dia Mundial põe em evidência dois "novos meios" de comunicação que, de maneira notável, estão a serviço destes sentidos: os audiocassetes e os videocassetes.

Os audiocassetes e os videocassetes nos permitem ter à mão e transportar com facilidade um número ilimitado de programas audiovisuais, como meios para a instrução ou para o entretenimento, para uma maior e mais completa compreensão das notícias e da informação, ou para a apreciação da beleza e da arte. É importante ver esses recursos novos como instrumentos que Deus, por meio da inteligência e da engenhosidade humana, pôs à nossa disposição. Como todos os dons divinos, estes nos foram dados para serem usados para o bem e para ajudar indivíduos e comunidades a crescer no conhecimento e na valorização da verdade, como também na consideração da dignidade e das necessidades dos outros. Os audiocassetes e os videocassetes, além disso, possuem uma grande potencialidade e podem ajudar as pessoas a progredir culturalmente, socialmente e, ainda, na esfera religiosa. Podem ser muito úteis na transmissão da fé, mesmo que não possam nunca substituir o testemunho pessoal que é essencial na proclamação da verdade, na sua integridade, e dos valores da mensagem cristã.

Espero que todos os que estão empenhados profissionalmente na produção de programas audiovisuais, em cassetes ou outras técnicas, reflitam sobre a necessidade que a mensagem cristã tem de encontrar expressão, explicita ou implicitamente, na nova cultura criada pelas comunicações modernas (*Aetatis novae*, n. 11). Isto deveria não só ser consequência natural da "presença ativa e aberta da Igreja no meio do mundo das comunicações" (*Aetatis novae*, n. 11), mas, também, resultado de um esforço concreto por parte dos comunicadores. Os profissionais dos meios de comunicação, conscientes do autêntico valor, do impacto e da influência de suas produções, deverão colocar um empenho especial para realizar seu intento, com qualidade moral tão elevada que garantam sempre efeitos positivos sobre a formação da cultura; e deverão resistir à ilusão, sempre presente, de um proveito fácil e rechaçar com firmeza a participação em produções que explorem as fraquezas humanas, ofendem as consciências ou insultem a dignidade humana.

É igualmente importante que todos os que fazem uso dos meios de comunicação, como os audiocassetes e os videocassetes, não se considerem como simples consumidores. Cada indivíduo, simplesmente externando aos produtores e revendedores as próprias reações diante de conteúdos de um desses meios, pode ter uma influência determinante sobre o conteúdo e sobre o nível moral das futuras produções. A família, especialmente, célula fundamental da sociedade, é influenciada profundamente pela atmosfera em que vive, criada pelos meios de comunicação. Os pais têm, por isso, a grave responsabilidade de educar a família a um uso crítico dos meios de comunicação social. A importância desta tarefa deve ser explicada especialmente aos casais de jovens esposos. Nenhum programa de catequese deveria subestimar a necessidade de ensinar às crianças e aos jovens um uso apropriado e responsável dos meios de comunicação.

Neste Dia Mundial das Comunicações Sociais, estendo a minha mais cordial saudação a todos os profissionais, homens e mulheres, empenhados em servir a família humana através dos meios de comunicação, a todos os membros das organizações internacionais católicas das comunicações sociais, que agem no mundo neste campo, e à grande plateia dos receptores, em contato com a qual levam o peso de uma responsabilidade verdadeiramente grande. Que Deus onipotente conceda a todos vós os seus dons.

Cidade do Vaticano, 24 de janeiro de 1993,
Festa de São Francisco de Sales, patrono dos jornalistas.

"TELEVISÃO E FAMÍLIA: CRITÉRIOS PARA SABER VER"
28º DIA MUNDIAL DAS COMUNICAÇÕES SOCIAIS 1994

Caros irmãos e irmãs!

Nos últimos decênios, a televisão revolucionou as comunicações, influenciando profundamente a vida familiar. Hoje, a televisão é uma fonte primária de notícias, de informações e de distração para inumeráveis famílias, a ponto de modelar as suas atitudes e as suas opiniões, os seus valores e os protótipos de comportamento.

A televisão pode enriquecer a vida familiar. Pode unir entre si, mais estreitamente, os membros da família, e promover a sua solidariedade para com outras famílias e para com a mais vasta comunidade humana; pode fazer crescer neles não só a cultura geral, mas também a religiosa, permitindo que escutem a Palavra de Deus, reforcem a própria identidade religiosa e nutram a própria vida moral e espiritual.

A televisão pode, também, prejudicar a vida familiar; difundindo valores e modelos de comportamento falseados ou degradantes, divulgando pornografia e imagens de violência brutal; inculcando o relativismo moral e o ceticismo religioso; espalhando notícias distorcidas ou informações manipuladas sobre fatos e problemas da atualidade; transmitindo publicidade exploratória ligada aos mais baixos instintos; exaltando falsas visões da vida que impedem a atuação do respeito mútuo, da justiça e da paz.

A televisão pode ainda ter efeitos negativos sobre a família, mesmo quando os programas não são, de per si, moralmente criticáveis: ela pode induzir os membros da família a se isolarem no seu mundo privado, tirando-a dos autênticos relacionamentos interpessoais, e também dividir a família, afastando os pais dos filhos e os filhos dos pais.

Uma vez que a renovação moral e espiritual da família humana na sua plenitude deve fundar-se na autêntica renovação de cada família, o tema do Dia Mundial das Comunicações Sociais de 1994 – "Televisão e família: critérios para saber ver" – é particularmente apropriado, sobretudo neste Ano Internacional da Família, durante o qual a comunidade mundial está buscando como dar novo vigor à vida familiar.

Nesta mensagem, desejo especialmente ressaltar as responsabilidades dos pais, dos homens e mulheres da indústria televisiva, as responsabilidades das autoridades públicas e dos que cumprem os seus deveres pastorais e educativos na Igreja. Está em suas mãos o poder de fazer da televisão um meio sempre mais eficaz para ajudar as famílias a desempenhar o próprio papel, que é o de formar uma força de renovação moral e social.

Deus investiu os pais da grave responsabilidade de ajudar os filhos a "buscar a verdade e a viver em conformidade com ela, a buscar o bem e a promovê-lo" (*Mensagem para celebração do Dia da Paz*, 1991, n. 3). Os pais têm ainda o dever de levar os filhos a apreciar "tudo o que é verdadeiro, digno de respeito ou justo, puro, amável ou honroso" (Fl 4,8).

Portanto, além de ser espectadores que podem discernir por si sós, os pais deveriam contribuir ativamente para formar nos próprios

TELEVISÃO E FAMÍLIA: CRITÉRIOS PARA SABER VER

filhos, ao assistir à televisão, hábitos que levem a um sadio desenvolvimento humano, moral, religioso. Os pais deveriam, com antecedência, informar os próprios filhos sobre o conteúdo dos programas e fazer, consequentemente, a escolha consciente para o bem da família, sobre o que ver ou o que não ver. Neste sentido, podem ajudar as recensões e os juízos fornecidos por organismos religiosos e por outros grupos responsáveis, como também programas educativos propostos pelos meios de comunicação social. Os pais deveriam também discutir sobre a televisão com os próprios filhos, fazendo com que tenham condição de controlar a quantidade e a qualidade dos programas a que assistem e de perceber e julgar os valores éticos que estão na base de certos programas, uma vez que a família é "o veículo privilegiado para a transmissão dos valores religiosos e culturais que ajudam a pessoa a conquistar a própria identidade" *(Mensagem para celebração do Dia da Paz*, 1994, n. 2).

Formar os hábitos dos filhos pode, por vezes, querer simplesmente significar apagar o televisor, porque há coisas melhores a se fazer, ou porque a consideração para com os outros membros da família o exige, ou porque a assistência indiscriminada da televisão pode ser prejudicial. Os pais que usam habitualmente e por tempo prolongado a televisão, como uma espécie de babá eletrônica, abdicam do seu papel de primeiros educadores dos próprios filhos. Esta dependência da televisão pode privar os membros da família da oportunidade de interagir mutuamente através da conversa, das atividades e da oração comuns. Os pais sábios são, além disso, conscientes de que também os bons programas devem ser completados por outras fontes de informação, entretenimento, educação e cultura.

Para garantir que a indústria da televisão respeite os direitos da família, os pais deveriam expressar suas legítimas preocupações aos produtores e aos responsáveis pelos meios de comunicação social. Às vezes será útil unir-se a outros, formando associações que representem os seus interesses, em relação aos meios de comunicação, aos financiadores, aos patrocinadores e às autoridades públicas.

Os que trabalham para a televisão – "managers" e funcionários, produtores e diretores, autores e pesquisadores, jornalistas, personagens do elenco e técnicos –, todos têm graves responsabilidades morais para com as famílias, que são a grande parte do seu público. Na sua vida profissional e pessoal, os que trabalham no setor televisivo deveriam colocar todo empenho nos relacionamentos com a família, considerada como fundamental comunidade social de vida, de amor e solidariedade. Reconhecendo a capacidade de persuasão da estrutura junto a qual trabalham, deveriam fazer-se promotores de autênticos valores espirituais e morais, e evitar "tudo o que pode ofender a família em sua existência, em sua estabilidade, em seu equilíbrio e em sua felicidade [...] quer se trate de erotismo ou de violência, de apologia do divórcio ou de atitudes antissociais dos jovens" (Paulo VI, *Mensagem para o Dia Mundial das Comunicações Sociais*, 1969, n. 2).

A televisão tem, frequentemente, a oportunidade de tratar de assuntos sérios: a fraqueza humana e o pecado, e as suas consequências para os indivíduos e a sociedade; as fraquezas das instituições sociais, inclusive os governos e a religião; as interrogações fundamentais sobre o significado da vida. A televisão deveria tratar estes temas de forma responsável, sem sensacionalismos, com uma preocupação sincera pelo bem da sociedade e um respeito escrupuloso pela verdade. "A verdade vos tornará livres" (Jo 8,32), disse Jesus; e toda verdade tem o seu fundamento em Deus, que é também a fonte da nossa liberdade e da nossa capacidade criativa.

No desempenho das próprias responsabilidades, a indústria da televisão deveria desenvolver e observar um código de ética que incluísse o empenho de satisfazer as necessidades das famílias e de promover valores para sustento da vida familiar. Os conselhos também, formados por membros da indústria da televisão e por representantes dos usuários dos meios de comunicação de massa, são um modo desejável de tornar a televisão mais sensível às necessidades e aos valores dos usuários. Os canais de televisão, geridos pela indústria da televisão pública ou privada, são um instrumento público a serviço do bem comum; não são somente um terreno marcado por interesses comerciais ou um instrumento de poder ou de propaganda para determinados grupos sociais, econômicos ou políticos; existem para servir ao bem-estar de toda a sociedade.

A família, como célula fundamental da sociedade, merece, portanto, ser assistida e defendida com medidas apropriadas por parte do Estado e das outras instituições (*Mensagem para celebração do Dia da Paz*, 1994, n. 5). Isto ressalta a responsabilidade que cabe às autoridades públicas quanto à televisão.

Reconhecendo a importância de um livre intercâmbio de ideias e de informações, a Igreja sustenta a liberdade de expressão e de imprensa (cf. *Gaudium et spes*, n. 59). Ao mesmo tempo, insiste no fato de que "deve ser respeitado o direito de cada um, das famílias e da sociedade, à privacidade, à decência pública e à proteção dos valores fundamentais da vida" (Conselho Pontifício para as Comunicações Sociais, *Pornografia e violência nos meios de comunicação: uma resposta pastoral*, n. 21). As autoridades públicas são convidadas a fixar e a fazer respeitar modelos éticos razoáveis para a programação, que promovam os valores humanos e religiosos sobre os quais se baseia a vida familiar e que façam desprestigiar tudo o que é prejudicial; as autoridades deveriam, além disso, promover o diálogo entre a indústria da televisão e o público, fornecendo estruturas e ocasiões para que isso possa acontecer.

Os organismos religiosos, por sua vez, podem prestar um serviço excelente às famílias, instruindo-as sobre os meios de comunicação social e oferecendo-lhes opiniões sobre filmes e programas. As organizações eclesiais de comunicação social podem também ajudar as famílias, onde houver recursos disponíveis, produzindo e transmitindo programas para a família ou promovendo este tipo de programação. As Conferências Episcopais e as dioceses deveriam inserir forçosamente no seu programa pastoral para as comunicações sociais a "dimensão familiar" da televisão (*Aetatis novae*, nn. 21 e 23).

Trabalhando para apresentar uma visão da vida para um vasto público que compreende crianças e adolescentes, os profissionais da televisão têm a possibilidade de valer-se do ministério pastoral da Igreja, que pode ajudá-los a valorizar os princípios éticos e religiosos, e conferir um significado pleno à vida humana e familiar: "Programas pastorais que respondam exatamente às condições particulares de trabalho e aos desafios éticos, com os quais se defrontam os profissionais da comunicação. Com efeito, estes programas pastorais deveriam comportar uma formação permanente, que possa ajudar estes homens e estas mulheres – muitos dos quais desejam sinceramente saber e praticar o que é justo no campo ético e moral – a estarem cada vez mais impregnados de critérios morais, tanto no setor profissional como na vida privada" (ibidem, n. 19).

A família, baseada no matrimônio, é uma comunhão única de pessoas, constituída por Deus como "núcleo natural e fundamental da sociedade" (*Declaração Universal dos Direitos do Homem*, art. 16,3). A televisão e os outros meios de comunicação social têm um poder imenso para sustentar e reforçar esta comunhão no interior da família, a solidariedade para com outras famílias e o espírito de serviço para com a sociedade.

A Igreja – que é comunhão na verdade e no amor de Jesus Cristo, Palavra de Deus –, agradecida pela contribuição que a televisão, como meio de comunicação, tem dado e pode dar a esta comunhão no interior da família e entre as famílias, aproveita a oportunidade do Dia Mundial das Comunicações Sociais para encorajar as mesmas famílias, os que trabalham nos meios de comunicação social e as autoridades públicas a realizarem plenamente o nobre mandato de sustentar e reforçar a primeira e mais vital "célula" da sociedade, a família.

Cidade do Vaticano, 24 de janeiro de 1994.

"CINEMA, VEÍCULO DE CULTURA E PROPOSTA DE VALORES"
28 DE MAIO DE 1995

Caros irmãos e irmãs!

Neste ano, na oportunidade do Dia Mundial das Comunicações Sociais, desejo convidar-vos a refletir sobre o *cinema*, entendido como "veículo de cultura e proposta de valores". Sabeis, com certeza, que neste ano começam, em todo o mundo, as celebrações para lembrar o primeiro centenário deste meio de expressão tão difundido, hoje de fácil acesso para todos.

A Igreja sempre ressaltou a importância dos meios de comunicação na transmissão e na promoção dos valores humanos e religiosos (cf. Pio XII, *Miranda Prorsus*, 1957), e as consequentes responsabilidades dos que trabalham neste difícil setor. De fato, considerados os progressos e os desenvolvimentos que o mundo das comunicações sociais conheceu nestes últimos decênios, a Igreja está bem consciente do perigoso poder de condicionamento que os *mass media* detêm, como também das possibilidades que oferecem, se usados com prudência, como ajuda válida para a evangelização. Como escrevi na

Mensagem publicada na ocasião do Dia Mundial das Comunicações de 1989, "a questão que a Igreja se coloca não é mais a de saber se o homem da rua pode ainda receber uma mensagem religiosa, mas a de encontrar linguagens de comunicação melhores para obter o maior impacto possível da mensagem evangélica" (João Paulo II, *Mensagem para o Dia Mundial das Comunicações Sociais*, 1989).

Entre os meios de comunicação social, o cinema é, hoje, um instrumento muito difundido e apreciado e dele partem, muitas vezes, mensagens que influenciam e condicionam as escolhas do público, sobretudo do público mais jovem, porque é uma forma de comunicação que se baseia não somente em palavras, mas em fatos concretos, expressos com imagens de grande impacto sobre os espectadores e sobre o seu subconsciente.

O cinema, desde o seu nascimento, embora, às vezes, por alguns aspectos de sua multiforme produção, dando motivos a críticas e à reprovação por parte da Igreja, com frequência também abordou temas de significado e valor do ponto de vista ético e espiritual. Agrada-me lembrar, por exemplo, as numerosas versões cinematográficas da vida e paixão de Jesus e da vida dos santos, ainda conservadas em muitas cinematecas, que serviram, além de tudo, para animar numerosas atividades culturais, recreativas e catequéticas, por iniciativa de muitas dioceses, paróquias e instituições religiosas. A partir dessas premissas se desenvolveu uma rica fonte de cinema religioso, com uma produção enorme de filmes que exerceram grande influência sobre as massas, embora com os limites que o tempo, inevitavelmente, costuma evidenciar.

Valores humanos e religiosos que merecem atenção e louvor estão frequentemente presentes nos filmes que fazem referência direta à tradição do Cristianismo, e também nos filmes de culturas e religiões diversas, confirmando, assim, a importância do cinema, entendido como veículo de intercâmbios culturais e convite à abertura e à reflexão em relação a realidades estranhas à nossa formação e mentalidade. Neste sentido, o cinema permite superar as distâncias e conquista aquela dignidade própria da cultura, aquele "modo específico de existir e de ser do homem que cria entre as pessoas de cada comunidade um conjunto de liames, determinando o caráter inter-humano e social da existência humana" (João Paulo II, *Mensagem para o Dia Mundial das Comunicações Sociais*, 1984).

Dirijo um caloroso convite a todos os que trabalham no setor cinematográfico para que não renunciem a este importante componente cultural, porque não está conforme às mais autênticas e profundas exigências e expectativas da pessoa humana cuidar de produções carentes de conteúdo e que visam unicamente ao entretenimento, com a única preocupação de ver aumentar o número dos espectadores.

Como acontece com todos os meios de comunicação social, o cinema, além de possuir o poder e o grande mérito de contribuir para o crescimento cultural e humano do indivíduo, pode cercear a liberdade, especialmente dos mais fracos, quando distorce a verdade (cf. Pio XII, *Miranda Prorsus*, 1957) e se situa como espelho de comportamentos negativos, com o emprego de cenas de violência e de sexo que ofendem a dignidade da pessoa, com a finalidade de "despertar emoções violentas e estimular a atenção do espectador" (João Paulo II, *Mensagem para o Dia Mundial das Comunicações Sociais*, 1981). Não pode ser definido como livre expressão artística a atitude de quem, irresponsavelmente, desperta sentimentos degradantes, cujos efeitos prejudiciais constatamos diariamente nas páginas dos jornais. Como nos recorda o Evangelho, somente na verdade o homem se tornará livre (cf. Jo 8,32).

A urgência deste problema na nossa sociedade, que, muitas vezes, parece forjar modelos negativos dos estímulos diários oferecidos pelo cinema, como também pela televisão e pelos jornais, convida-me a dirigir, ainda uma vez, um urgente apelo aos responsáveis pelo setor a que se empenhem em trabalhar com profissionalismo e responsabilidade, e aos receptores para que saibam situar-se diante das mais urgentes propostas oferecidas pelo mundo das comunicações, inclusive o cinema, com espírito crítico, prontos a discernir tudo o que pode ser motivo de crescimento de tudo o que pode ser ocasião de prejuízo.

Quando o cinema, obedecendo a uma de suas principais finalidades, dá uma imagem do homem como ele é, deve propor, partindo da realidade, ocasiões válidas de reflexão sobre condições concretas nas quais ele vive. Oferecer pontos de reflexão sobre assuntos como o empenho social, a denúncia da violência, da marginalização, da guerra e das injustiças, frequentemente apresentados pelo cinema, nos cem anos de sua história, e que não podem deixar indiferentes todos os que estão preocupados com os destinos da humanidade, significa promover os valores pelos quais a Igreja tem grande consideração e contribuir materialmente para a sua difusão através de um meio que tão facilmente pode causar impacto no público (cf. Pio XII, *O filme ideal*, 1955).

Hoje, sobretudo, no limiar do Terceiro Milênio, é indispensável pôr-se diante de certas perguntas, não frustrar os problemas, mas buscar soluções e respostas. Neste contexto, não se pode descuidar de conferir ao cinema o lugar e o valor que lhe cabe, exigindo dos responsáveis, em todos os níveis, que tomem consciência da grande influência que podem exercer sobre o povo e da missão que são chamados a desenvolver neste nosso tempo que, sempre mais, lembra a urgência de mensagens universais de paz e de tolerância, como também a volta àqueles valores que encontram fundamento na dignidade conferida ao homem por Deus criador.

Os que trabalham no delicado setor do cinema, como comunicadores, devem mostrar-se abertos ao diálogo e à realidade que os rodeia, empenhando-se em sublinhar os eventos mais importantes com a realização de obras que estimulem a reflexão, cientes de que tal abertura, favorecendo a aproximação das diversas culturas e dos homens entre si, pode ser portadora de frutos positivos para todos.

Para garantir a plena e completa compreensão das mensagens que o cinema pode propor ao crescimento humano e espiritual dos usuários, é também importante cuidar da formação dos receptores para que entendam a linguagem cinematográfica que, muitas vezes, renuncia à representação direta da realidade, para recorrer a simbologias de compreensão nem sempre fácil; seria oportuno que já nas escolas os professores dedicassem atenção ao problema, sensibilizando os alunos sobre as imagens e desenvolvendo neles uma atitude crítica sobre a linguagem que hoje é parte integrante da nossa cultura; também porque "a aplicação da tecnologia das comunicações não foi mais do que um semibenefício, e para a sua utilização consciente são necessários valores sãos e escolhas prudentes, da parte dos indivíduos, do setor privado, dos governos e de toda a sociedade" (*Aetatis novae*, n. 12).

Enquanto ainda não se apagou o eco das mensagens e das reflexões que acompanharam as celebrações do Ano da Família há pouco concluído, julgo importante lembrar às famílias que também a elas está confiada a tarefa de formar os filhos para uma leitura exata e a compreensão das imagens cinematográficas que entram todos os dias nas suas casas, graças aos televisores e aos aparelhos de videocassete, que até as criancinhas sabem operar.

No contexto da formação necessária dos receptores, não pode também ser esquecido o componente social do meio cinematográfico, que pode oferecer oportunas ocasiões de diálogo entre os que usufruem deste meio, através do intercâmbio de opiniões sobre o tema tratado. Seria, portanto, muito útil facilitar, sobretudo para os mais jovens, a criação dos "cineforum" que, dirigidos por educadores interessados e competentes, possam levar os jovens a se expressar e ouvir os outros, em debates construtivos e serenos.

Antes de encerrar esta mensagem não posso deixar de chamar a atenção sobre um empenho especial que este tema exige de todos os que se professam cristãos e que conhecem a própria missão no mundo, sabendo que a própria missão é a proclamação do Evangelho, a Boa Notícia de Jesus, "Redentor do homem", a todos os homens do seu tempo.

O cinema, com suas múltiplas potencialidades, pode tornar-se um instrumento útil à evangelização. A Igreja exorta os diretores, os cineastas e todos os que em qualquer nível, professando-se cristãos, atuam no complexo e heterogêneo mundo do cinema, a agir em total coerência com a própria fé, tomando iniciativas corajosas também no campo da produção para fazer sempre mais presente no seu mundo, mediante o seu profissionalismo, a mensagem cristã, que é para cada homem mensagem de salvação.

A Igreja sente o dever de oferecer, especialmente aos mais jovens, ajuda espiritual e moral, sem a qual se torna quase impossível agir no sentido pretendido, e deve concretamente intervir, com oportunas iniciativas de apoio e de encorajamento.

Na esperança que estas minhas palavras possam ser para todos motivo de reflexão e ocasião de empenho renovado, de coração envio uma especial bênção apostólica a todos os que, mesmo em diversas atribuições, trabalham no setor, e a todos os que procuram usar o cinema como veículo autêntico de cultura para o crescimento integral de cada homem e de toda a sociedade.

Cidade do Vaticano, 6 de janeiro de 1995,
Epifania do Senhor.

"OS *MASS MEDIA*: AREÓPAGO MODERNO PARA A PROMOÇÃO DA MULHER NA SOCIEDADE"
19 DE MAIO DE 1996

Queridos Irmãos e Irmãs!

O tema para o Dia Mundial das Comunicações deste ano – "Os *mass media*: areópago moderno para a promoção da mulher na sociedade" – reconhece que os meios de comunicação desempenham um papel fundamental não só em promover a justiça e a igualdade das mulheres, mas também em desenvolver o apreço pelos seus dons específicos, que já tive ocasião de designar como "o gênio" das mulheres (cf. *Mulieris Dignitatem*, n. 30; *Carta às Mulheres*, n. 10).

No ano passado, na minha *Carta às Mulheres*, procurei encetar um diálogo, especialmente com as próprias mulheres, sobre o que significa ser mulher nos dias de hoje (cf. n. 1). Indiquei também alguns dos "obstáculos que, em tantas partes do mundo, impedem ainda às mulheres a sua plena inserção na vida social, política e econômica" (n. 4). Trata-se de um diálogo que os responsáveis pelos meios de comunicação podem – devem, sem dúvida – promover e apoiar. Os comunicadores tornam-se frequentemente defensores dos que não têm voz e dos marginalizados, o que é digno de louvor. Eles encontram-se numa posição incomparável para estimular também a consciência social relativamente às duas sérias questões relativas à mulher no mundo atual.

Em primeiro lugar, como observei na minha Carta, o dom da maternidade é com frequência mais penalizado do que gratificado, não obstante a humanidade deva a sua própria sobrevivência àquelas mulheres que escolheram ser esposas e mães (cf. n. 4). É inegavelmente uma injustiça discriminar do ponto de vista econômico ou social tais mulheres, precisamente por elas seguirem a sua vocação fundamental. Do mesmo modo, chamei a atenção para o fato de que há uma urgente necessidade de atingir uma efetiva igualdade em todas as áreas: idêntica retribuição salarial por categoria de trabalho, tutela da mãe trabalhadora, justa promoção na carreira, igualdade entre cônjuges no direito de família e o reconhecimento de tudo o que está ligado aos direitos e aos deveres do cidadão num regime democrático (n. 4).

Em segundo lugar, o progresso da genuína emancipação da mulher é uma questão de justiça, que não pode continuar a ser ignorada; é também uma questão de bem-estar social. Felizmente, há uma consciência cada vez maior de que as mulheres devem poder desempenhar o seu papel na solução dos graves problemas da sociedade e do seu futuro. Em todos estes campos, "revelar-se-á preciosa uma maior presença social da mulher, porque contribuirá para manifestar as contradições de uma sociedade organizada sobre critérios de eficiência e produtividade, e obrigará a reformular os sistemas a bem dos processos de humanização que caracterizam a 'civilização do amor'" (ibid., n. 4).

A civilização do amor consiste muito especialmente numa radical afirmação do valor da vida e do valor do amor. As mulheres são particularmente qualificadas e privilegiadas em ambos estes campos. Relativamente à vida, embora as mulheres não sejam as únicas responsáveis pela afirmação do seu valor intrínseco, elas encontram-se numa posição única para isso, devido à sua íntima relação com o mistério da transmissão da vida. Quanto ao amor, as mulheres podem levar a todos os aspectos da vida, incluindo os mais altos níveis de tomada de decisão, aquela qualidade essencial da feminilidade que consiste em julgar com objetividade e, ao mesmo tempo, compreender profundamente as exigências das relações interpessoais.

Os *mass media* – incluindo a imprensa, o cinema, rádio e a televisão, bem como a indústria no setor musical e as redes de computadores – representam um moderno areópago onde a informação é rapidamente recebida e transmitida a um auditório global, e onde são trocadas ideias, formadas atitudes – e, na realidade, onde se está a formar uma nova cultura. Os meios de comunicação são por isso destinados a exercer uma poderosa influência para determinar se a sociedade reconhece e valoriza plenamente não só os direitos, mas também os dons especiais da mulher.

Infelizmente, há que reconhecer que muitas vezes a mulher, em vez de ser enaltecida, é explorada pelos *mass media*. Quantas vezes ela é tratada não como pessoa com a sua dignidade inviolável, mas como objeto cujo objetivo é satisfazer os apetites alheios de prazer ou de poder! Quantas vezes o papel da mulher como esposa e mãe é minimizado, ou até mesmo ridicularizado! Quantas vezes o papel da mulher no mundo dos negócios ou da vida profissional é apresentado como uma caricatura masculina, uma negação dos dons específicos da perspectiva feminina, compaixão e compreensão, que contribui tão notavelmente para a "civilização do amor"!

Muito podem fazer as próprias mulheres para promover uma melhor abordagem da mulher nos *mass media*: promovendo programas educativos saudáveis através dos meios de comunicação, ensinando os outros, especialmente as famílias, a serem consumidores capazes de realizar um discernimento no mercado dos *mass media*, fazendo conhecer os seus pontos de vista às companhias de produção, aos jornalistas, redes de transmissão e anunciantes relativamente aos programas e publicações que ofendam a dignidade da mulher ou rebaixem o seu papel na sociedade. Além disso, as mulheres podem e deveriam preparar-se elas próprias para assumirem posições de responsabilidade e criatividade nos *mass media*, não em concorrência com os papéis masculinos ou imitando-os, mas imprimindo-lhes, no próprio trabalho e na sua atividade profissional, o seu "gênio" específico.

Seria bom que os *mass media* focalizassem as verdadeiras heroínas da sociedade, incluindo as mulheres santas da tradição cristã, como modelos para as gerações jovens e futuras. Nem podemos esquecer, sob este ponto de vista, as tantas mulheres consagradas que renunciaram a tudo para seguirem Jesus e dedicar-se à oração e ao serviço dos pobres, dos doentes, dos analfabetos, dos jovens, dos idosos e dos deficientes. Algumas destas mulheres estão também diretamente envolvidas nos meios de comunicação social – fazendo com que "o Evangelho seja pregado aos pobres" (cf. Lc 4,18).

"A minha alma engrandece o Senhor" (Lc 1,46). A bem-aventurada Virgem Maria empregou estas palavras para responder à saudação da sua prima Santa Isabel, na realidade reconhecendo assim as "grandes coisas" que o Senhor n'Ela operou. A imagem da mulher transmitida através dos *mass media* deveria incluir o reconhecimento de que todo o dom feminino autêntico proclama a grandeza do Senhor, do Senhor que comunicou a vida e o amor, a bondade e a graça, do Senhor que é fonte da dignidade e igualdade da mulher, e do seu "gênio" próprio.

Faço votos de que este 30º Dia Mundial das Comunicações encoraje todas as pessoas envolvidas nos meios de comunicação social, especialmente os filhos e as filhas da Igreja, a promover o genuíno progresso dos direitos e da dignidade da mulher, projetando uma imagem que tenha em conta o seu lugar na sociedade, e "pondo em evidência a verdade plena sobre a mulher" (*Carta às Mulheres*, n. 12).

Cidade do Vaticano, 24 de janeiro de 1996.

"COMUNICAR O EVANGELHO DE CRISTO: CAMINHO, VERDADE E VIDA"

11 DE MAIO DE 1997

Queridos Irmãos e Irmãs!

Ao aproximar-se o final deste século e do milênio, assistimos a uma expansão sem precedentes dos meios de comunicação social, com uma oferta cada vez maior de produtos e de serviços. Vemos a vida de um número cada vez maior de pessoas influenciada pelo desenvolvimento de novas tecnologias de informação e de comunicação. Apesar disso, ainda existem numerosas pessoas que não têm acesso aos *mass media,* antigos e novos.

Todos os que se beneficiam deste progresso dispõem de um aumentado número de opções. Quanto mais são as opções, mais difícil se torna escolher de modo responsável. De fato, verifica-se uma dificuldade cada vez maior de proteger os próprios olhos e ouvidos de imagens e sons que chegam através da mídia, inesperadamente e sem convite prévio. Para os pais, é sempre mais complicado proteger os seus filhos de mensagens malsãs, e garantir que a sua educação para as relações humanas, bem como a sua aprendizagem acerca do mundo, se realizem de um modo adequado à sua idade e sensibilidade, e ao desenvolvimento do sentido do bem e do mal. A opinião pública vê-se perturbada pela facilidade com que as mais avançadas tecnologias da comunicação podem ser exploradas por aqueles que têm más intenções. Ao mesmo tempo, como não observar a relativa lentidão por parte daqueles que desejam usar bem essas mesmas oportunidades?

Fazemos votos para que a brecha entre os beneficiários dos novos meios de informação e expressão, e os que até agora ainda não tiveram acesso aos mesmos, não se converta noutra obstinada fonte de desigualdade e discriminação. Em algumas partes do mundo, há quem se pronuncie contra o que se vê como o domínio dos *mass media* por parte da chamada cultura ocidental. O que a mídia produz é visto como a representação de valores apreciados pelo ocidente e, por conseguinte, supõe-se que representem valores cristãos. Na realidade, a respeito disto, é o benefício comercial que se considera, com frequência, como primeiro e autêntico valor.

Além disso, parece diminuir nos meios de comunicação a proporção de programas que exprimem aspirações religiosas e espirituais, programas moralmente edificantes e que ajudem as pessoas a viver melhor a sua vida. Não é fácil continuar a ser otimistas sobre a influência positiva dos *mass media*, quando estes perecem ignorar o papel vital da religião na vida das pessoas, ou quando as crenças religiosas são tratadas sistematicamente de maneira negativa e antipática. Alguns funcionários da mídia – sobretudo dos setores do espetáculo – com frequência propendem para uma imagem dos crentes religiosos sob a pior luz possível.

Existe, contudo, um lugar para Cristo nos *mass media* tradicionais? Podemos reivindicar um lugar para eles na nova mídia?

Na Igreja, o ano de 1997, primeiro dos três de preparação para o Grande Jubileu do Ano 2000, é dedicado à reflexão sobre Cristo, o Verbo de Deus feito homem pelo poder do Espírito Santo (cf. *Tertio millennio adveniente*, n. 30). Por esse motivo, o tema do Dia Mundial das Comunicações Sociais é "Comunicar o Evangelho de Cristo: Caminho, Verdade e Vida" (cf. Jo 14,6).

Este tema proporciona à Igreja a oportunidade de meditar e agir sobre o contributo específico que os meios de comunicação podem oferecer, para difundir a Boa-Nova da salvação em Jesus Cristo. Também dá a oportunidade aos profissionais da comunicação de refletirem sobre como os temas e valores religiosos, bem como os que são especificamente cristãos, podem enriquecer tanto as produções da mídia quanto a vida de todos os que a mídia serve.

Os atuais meios de comunicação dirigem-se não só à sociedade em geral, mas principalmente às famílias, aos jovens e também às crianças muito pequeninas. Que "caminho" indicam os *mass media*? Qual a "verdade" que propõem? Que "vida" oferecem? Isto diz respeito não só aos cristãos, mas a todas as pessoas de boa vontade.

O "caminho" de Cristo é o caminho de uma vida virtuosa, frutífera e pacífica como filhos de Deus e como irmãos e irmãs da mesma família humana; a "verdade" de Cristo é a verdade eterna de Deus, que Se revelou a Si mesmo, não só mediante o mundo criado, mas também através da Sagrada Escritura e, sobretudo, no e através do seu Filho, Jesus Cristo, a Palavra que se encarnou; e a "vida" de Cristo é a vida da graça, dom gratuito de Deus que partilha a Sua própria vida e nos torna capazes de viver para sempre no seu amor. Quando os cristãos estão verdadeiramente convencidos disto, as suas vidas transformam-se. Esta transformação manifesta-se não tanto num testemunho pessoal que interpela e dá credibilidade, quanto numa comunicação urgente e eficaz – também através dos *mass media* – de uma fé vivida, que paradoxalmente aumenta ao ser partilhada.

É confortador saber que todos os que têm o nome de cristãos compartilham esta mesma convicção. Com o devido respeito pelas atividades da comunicação de cada uma das Igrejas e das comunidades eclesiais, seria uma significativa consecução ecumênica, se os cristãos pudessem cooperar de modo mais estreito entre si nos *mass media*, para preparar a celebração do próximo Grande Jubileu (cf. *Tertio millennio adveniente*, n. 41).

Tudo se deve centralizar no objetivo fundamental do Jubileu: o fortalecimento da fé e do testemunho cristãos (ibid., n. 42).

A preparação para o 2000º Aniversário do nascimento do Salvador converteu-se, e já o era, na chave de interpretação do que o Espírito Santo está a dizer à Igreja e às Igrejas neste momento (cf. ibid., n. 23). Os *mass media* têm um papel significativo a desempenhar, na proclamação e difusão desta graça na comunidade cristã em si e no mundo em geral.

O próprio Jesus, que é "o Caminho, a Verdade e a Vida", é também "a luz do mundo": a luz que ilumina o nosso caminho, a luz que nos torna capazes de perceber a verdade, a luz do Filho que nos dá a vida sobrenatural agora e para sempre. Os dois mil anos transcorridos desde o nascimento de Cristo representam uma extraordinária comemoração para a humanidade no seu conjunto, tendo em conta o importante papel da cristandade durante estes dois milênios (cf. ibid., n. 15). Seria oportuno que os *mass media* reconhecessem a importância dessa contribuição.

Talvez uma das mais lindas ofertas que poderemos oferecer a Jesus Cristo no segundo aniversário do Seu nascimento seria que a Boa-Nova fosse finalmente dada a conhecer a todas as pessoas no mundo – antes de tudo, através do testemunho do exemplo cristão, mas também através da mídia: "Comunicar Jesus Cristo: Caminho, Verdade e Vida". Seja este o desejo e o empenho de todos os que professam a singularidade de Jesus Cristo, fonte de vida e de verdade (cf. Jo 5,26; 10,10 e 28) e dos que têm o privilégio e a responsabilidade de trabalhar no vasto e influente mundo das comunicações sociais.

Cidade do Vaticano, 24 de janeiro de 1997.

"SUSTENTADOS PELO ESPÍRITO, COMUNICAR A ESPERANÇA"
24 DE MAIO DE 1998

Queridos Irmãos e Irmãs!

1. Neste segundo ano dos três que nos conduzem ao Grande Jubileu do Ano 2000, dirigimos a nossa atenção ao Espírito Santo e à sua ação na Igreja, na nossa vida e no mundo. O Espírito é "o guarda da esperança no coração do homem" (*Dominum et vivificantem*, n. 67). Por esta razão, portanto, o tema do XXXII Dia Mundial das Comunicações Sociais é "Sustentados pelo Espírito, comunicar a esperança".

A esperança com a qual o Espírito sustenta os crentes é principalmente escatológica. É esperança de salvação, esperança do céu, esperança de perfeita comunhão com Deus. Esta esperança é, como afirma a Carta aos Hebreus, "uma âncora para a nossa vida. Ela é segura e firme, é penetrante até ao outro lado da cortina do santuário, onde Jesus entrou por nós como precursor" (Hb 6,19-20).

2. Contudo a esperança escatológica, que habita o coração dos cristãos, está profundamente ligada à felicidade e à realização nesta

vida. A esperança do céu suscita uma preocupação autêntica pelo bem-estar dos homens e das mulheres aqui e agora. "Se alguém diz: 'Eu amo a Deus', e, no entanto, odeia o seu irmão, é mentiroso; pois quem não ama o seu irmão, a quem vê, não poderá amar a Deus, a Quem não vê" (1Jo 4,20). A redenção, com a qual Deus restabelece a relação entre divino e humano, anda *a par* e passo com o restabelecimento das nossas relações recíprocas; e a esperança que brota da redenção baseia-se nesta dupla cura.

Eis por que é tão importante que os cristãos se preparem para o Grande Jubileu do alvorecer do Terceiro Milênio, renovando a própria esperança no advento final do Reino de Deus, e também lendo de modo mais atento os sinais de esperança no mundo que os circunda. Entre estes sinais de esperança encontram-se: os progressos científicos, tecnológicos e, sobretudo, médicos, ao serviço da vida humana, uma maior autoconsciência da nossa responsabilidade para com o ambiente, esforços para restabelecer a paz e a justiça onde foram violadas, o desejo de reconciliação e de solidariedade entre os povos, em particular no âmbito da complexa relação entre o Norte e o Sul do mundo. Existem também na Igreja muitos sinais de esperança, entre os quais uma escuta mais atenta do Espírito Santo, que sugere a aceitação de carismas e a promoção dos leigos, um empenho mais profundo pela unidade dos cristãos e um crescente reconhecimento da importância do diálogo com as outras religiões e com a cultura contemporânea (cf. *Tertio millennio adveniente*, n. 46).

3. Os comunicadores cristãos transmitem uma esperança crível, quando são os primeiros a vivê-la pessoalmente, o que só se verifica se forem homens e mulheres de oração. Reforçada pelo Espírito Santo, a oração permitir-nos-á estar "sempre prontos a dar a razão da esperança a todo aquele que interpelar" (cf. 1Pd 3,15). Desse modo, o comunicador cristão aprende a apresentar a mensagem de esperança aos homens e às mulheres do nosso tempo com a força da verdade.

4. Nunca se deve esquecer que a comunicação transmitida através dos meios de comunicação social não é um exercício

utilitarista, com a simples finalidade de solicitar, persuadir ou vender. Ela também não é um veículo para ideologias. Os meios de comunicação social, por vezes, podem reduzir os seres humanos a unidades de consumo ou a grupos de interesse em competição entre si, ou manipular telespectadores, leitores e ouvintes como meras cifras das quais se esperam vantagens, quer elas estejam relacionadas com um apoio de tipo político ou com a venda de produtos; são estes fatos que destroem a comunidade. A comunicação tem a tarefa de unir as pessoas e de enriquecer a sua vida, e não de as isolar e explorar. Os meios de comunicação social, se forem usados de maneira correta, podem contribuir para criar e manter uma comunidade humana baseada na justiça e na caridade e, na medida em que o fazem, tornam-se sinais de esperança.

5. Os meios de comunicação social são de fato o novo "Areopagus" do mundo de hoje, um grande fórum que, empenhando-se da melhor maneira, torna possível o intercâmbio de informações autênticas, de ideias construtivas, de valores sadios e, desta forma, cria comunidade. Por sua vez, isto é um desafio para a Igreja, no seu contato com as comunicações, não só a utilizar os meios de comunicação para difundir o Evangelho, mas também a inserir a mensagem evangélica na "nova cultura" criada pela moderna comunicação, com as suas "novas linguagens", novas técnicas e novas atitudes psicológicas (*Redemptoris missio*, n. 37).

Os comunicadores cristãos devem receber uma formação que lhes permita operar de maneira eficaz num ambiente de comunicação deste tipo. Esta formação deverá incluir: uma formação nas habilidades técnicas, uma formação na ética e na moral, com particular atenção aos valores e às normas importantes para a atividade profissional, uma formação na cultura humana, na filosofia, na história, nas ciências sociais e na estética. Mas, em primeiro lugar, ela deverá ser formação para a vida interior, para a vida do Espírito.

Os comunicadores cristãos devem ser homens e mulheres de oração, uma oração repleta de Espírito, homens que estejam de modo cada vez mais profundo em comunhão com Deus, a fim de aumentar a própria capacidade de promover a comunicação entre os seres humanos. Devem ser formados na Esperança pelo Espírito Santo, "o agente principal da nova evangelização" (*Tertio millennio adveniente*, n. 45), para poderem comunicar a esperança a outras pessoas.

A Virgem Maria é o modelo perfeito da Esperança, que os comunicadores cristãos procuram suscitar em si mesmos e compartilhar com o próximo. Maria "leva à sua expressão plena o anélito dos pobres de Jahvé, resplandecendo como modelo para quantos se confiam, com todo o coração, às promessas de Deus" (*Tertio millennio adveniente*, 48). Enquanto a Igreja empreende a sua peregrinação rumo ao Grande Jubileu, dirigimo-nos a Maria, cuja escuta profunda do Espírito abriu o mundo ao grande acontecimento da Encarnação, fonte de toda a nossa esperança.

Cidade do Vaticano, 24 de janeiro de 1998.

"*MASS MEDIA*: PRESENÇA AMIGA AO LADO DE QUEM PROCURA O PAI"
16 DE MAIO DE 1999

Queridos Irmãos e Irmãs!

1. Aproximamo-nos do Grande Jubileu, dos dois mil anos após o nascimento de Jesus Cristo, o Verbo de Deus feito homem, cuja celebração abrirá as portas para o Terceiro Milênio cristão. Neste último ano de preparação, a Igreja volta-se para Deus nosso Pai e contempla *o mistério da sua infinita misericórdia*. Ele é aquele Deus no qual qualquer vida humana encontra a sua origem e o seu fim; é Aquele que nos acompanha desde o nascimento até a morte, como nosso amigo e companheiro de viagem.

Escolhi como tema para o *Dia Mundial das Comunicações Sociais* deste ano "*mass media*: presença amiga ao lado de quem procura o Pai". O tema abrange *duas questões*: como podem os meios de comunicação colaborar com Deus, em vez de agir contra Ele? E como podem os *mass media* ser uma presença amiga para quem deseja a proximidade amorosa de Deus nas próprias vidas? Abrange também *uma afirmação de fato e uma razão para dar graças*: que, por vezes, os meios de comunicação tornem verdadeiramente possível, a quem procura Deus, ler de uma maneira nova os dois livros, o da natureza, que é o reino da razão, e o da revelação, a Bíblia, que é o patrimônio da fé. Finalmente, o tema engloba *um convite e uma esperança*: que os responsáveis pelo mundo das comunicações sociais se empenhem a contribuir, e não a impedir, para a busca de um sentido que está no próprio âmago da vida humana.

2. Existir como ser humano significa procurar; e, como eu ressaltei na minha recente Carta encíclica *Fides et ratio*, qualquer busca humana é, no fim de contas, *uma busca de Deus*: "Fé e razão constituem como que as duas asas pelas quais o espírito humano se eleva para a contemplação da verdade. Foi Deus quem colocou no coração do homem o desejo de conhecer a verdade e, em última análise, de conhecer a Ele para que, conhecendo-o e amando-o, possa chegar também à verdade sobre si próprio" (Prefácio). O Grande Jubileu será uma celebração de Deus, que é o objetivo da busca de cada ser humano, uma celebração da misericórdia infinita que todos os homens e mulheres desejam, apesar de estarem muitas vezes marcados pelo pecado que, segundo a expressão de Santo Agostinho, é como procurar uma coisa boa no lugar errado (cf. *Confissões*, X. 38). Pecamos quando procuramos Deus onde ele não pode ser encontrado.

Por conseguinte, ao falar "dos que procuram o Pai", o tema deste ano para o Dia Mundial das Comunicações Sociais fala de *cada homem e de cada mulher*. Todos procuram, mas nem todos no lugar justo. O tema reconhece a influência excepcional dos *mass media* na cultura contemporânea e, por conseguinte, a responsabilidade especial da mídia no testemunho da verdade acerca da vida, da dignidade humana, do significado autêntico da nossa liberdade e interdependência recíproca.

3. Durante todo o itinerário da busca humana, a Igreja deseja ser a amiga dos *mass media*, pois ela sabe que qualquer forma de cooperação será em benefício do bem de todos. Cooperação significa também que nos conheçamos melhor uns aos outros. Por vezes, as

relações entre a Igreja e os meios de comunicação podem ser maculadas por mal-entendidos recíprocos, que suscitam receio e desconfiança. É verdade que a cultura da Igreja e a cultura mediática são diferentes; existe, com efeito, acerca de certos pontos, um contraste muito forte. Mas não há razão alguma para que as diferenças tornem impossível a amizade e o diálogo. Muitas das amizades mais profundas encontram precisamente nas suas diferenças o encorajamento da sua criatividade e os seus laços recíprocos.

A cultura eclesial da *recordação* pode salvar a cultura mediática das *"novidades" transitórias*, para que não se torne uma contínua negligência que corrói a esperança; e os meios de comunicação podem ajudar a Igreja a proclamar o Evangelho, com todo o seu vigor duradouro, no âmbito da realidade quotidiana da vida do povo. A cultura eclesial da *sabedoria* pode salvar a cultura mediática da *informação*, a fim de não se tornar um amontoar-se de fatos sem significado; e a mídia pode ajudar a sabedoria da Igreja, pondo-a ao corrente dos novos conhecimentos que surgem hoje. A cultura eclesial da *alegria* pode salvar a cultura mediática do *divertimento*, para que não se torne uma evasão sem alma da verdade e da responsabilidade; e os *mass media* podem ajudar a Igreja a compreender o modo de comunicar com o povo, de uma forma atraente e até divertida. Eis alguns exemplos que recordam de que maneira os *mass media* e a Igreja podem cooperar de modo mais íntimo num espírito de amizade e em um nível mais profundo, a fim de servir os homens e as mulheres do nosso tempo na sua busca de sentido e de realização pessoal.

4. A recente explosão das tecnologias da informação deu a possibilidade, que jamais foi tão grande, de comunicar entre indivíduos e grupos em todas as partes do mundo. Paradoxalmente, as mesmas forças que podem contribuir para o melhoramento da comunicação podem levar, de igual modo, ao aumento do isolamento e à alienação. A nossa época é, por conseguinte, um *tempo de ameaças e de promessas*. Qualquer pessoa de boa vontade não deseja que a ameaça predomine e faça aumentar ainda mais o sofrimento

humano, e como nunca no final de um século e de um milênio que já suportaram tantas aflições.

Deixai-nos olhar com muita esperança para o próximo Milênio, animados pela confiança de que haverá pessoas, na Igreja e nos meios de comunicação social, que estarão prontas a cooperar a fim de garantir que a promessa possa prevalecer sobre a ameaça, e a comunicação sobre a alienação. Isto dará a garantia de que o mundo da mídia se tornará uma presença cada vez mais amiga para todos os povos, apresentando-lhes "notícias" dignas de serem recordadas, uma informação cheia de sabedoria e um divertimento que suscita a alegria. Garantirá também um mundo no qual a Igreja e os meios de comunicação possam trabalhar juntos para o bem da humanidade. Eis o que é preciso para que o poder da mídia não seja uma força que destrói, mas um amor que cria, um amor que reflete o amor de Deus, "Pai de todos, que está acima de todos, atua por meio de todos e Se encontra em todos" (Ef 4,6).

Possam, quantos trabalham no mundo das comunicações sociais, conhecer a alegria da fraternidade, para que, conhecendo o amor de Deus, lhes seja permitido tratar com amor todos os homens e mulheres ao longo da sua peregrinação rumo à casa do Pai, ao Qual é dada toda a honra, glória e ação de graças, com o Filho e o Espírito Santo, pelos séculos dos séculos.

Do Vaticano, 24 de janeiro de 1999,
Festa de São Francisco de Sales.

"PROCLAMAR CRISTO NOS MEIOS DE COMUNICAÇÃO SOCIAL NO ALVORECER DO NOVO MILÊNIO"

4 DE JUNHO DE 2000

Queridos Irmãos e Irmãs!

O tema do 34º Dia Mundial das Comunicações – *Proclamar Cristo nos meios de comunicação social no alvorecer do Novo Milênio* – é um convite a olhar em frente, para os desafios que devemos enfrentar, mas também para trás, para os primórdios do Cristianismo, para recebermos a luz e a coragem de que precisamos. A substância da mensagem que proclamamos é sempre o mesmo Jesus: "Diante d'Ele, com efeito, está a história humana inteira: o nosso tempo atual e o futuro do mundo são iluminados pela sua presença" *(Incarnationis mysterium*, n. 1).

Os primeiros capítulos dos Atos dos Apóstolos apresentam uma comovedora narração da proclamação de Cristo pelos seus seguidores – uma proclamação simultaneamente espontânea, cheia de fé e convincente, realizada graças ao poder do Espírito Santo.

Em primeiro lugar, e este é um aspecto muito importante, os discípulos anunciam Cristo como resposta ao mandato que Ele lhes havia dado: "Sereis minhas testemunhas em Jerusalém, por toda a Judeia e Samaria e até aos confins do mundo" (At 1,8). E apesar de eles serem "homens iletrados e plebeus" (At 4,13), responderam de forma rápida e generosa.

Depois de algum tempo passado em oração com Maria e com outros seguidores do Senhor, e agindo sob o impulso do Espírito, os Apóstolos dão início à proclamação no Pentecostes (cf. At 2). Ao lermos a narração daqueles admiráveis acontecimentos, ficamos informados de que a história da comunicação é uma espécie de viagem, desde o projeto de Babel baseado no orgulho, que acabou na confusão e incompreensão recíproca a que deu origem (cf. Gn 11,1-9), até ao Pentecostes e ao dom de falar diversas línguas, quando se dá a restauração da comunicação, baseada em Jesus, através da ação do Espírito Santo. O anúncio de Cristo conduz, por conseguinte, a um encontro entre pessoas unidas pela fé e caridade, na dimensão profunda da sua humanidade; o Senhor Ressuscitado torna-se ele mesmo um meio de genuína comunicação entre os seus irmãos e irmãs no Espírito.

O Pentecostes é apenas o começo. Mesmo quando ameaçados por represálias, os Apóstolos não deixam de proclamar o Senhor: "Quanto a nós, não podemos deixar de afirmar o que vimos e ouvimos" (At 4,20), afirmam Pedro e João perante o Sinédrio. Na realidade, até mesmo os julgamentos se tornam instrumentos para a missão: quando uma violenta perseguição se desencadeia em Jerusalém após o martírio de Santo Estêvão, obrigando os seguidores de Cristo a fugir, "os que tinham sido dispersos foram de aldeia em aldeia, anunciando a palavra da Boa-Nova" (At 8,4).

O núcleo central da mensagem que os Apóstolos anunciam é a crucificação e ressurreição de Jesus – a vida que triunfa sobre o pecado e a morte. Pedro diz ao centurião Cornélio e à sua família: "A ele, que mataram, suspendendo-o de um madeiro, Deus ressuscitou-o, ao terceiro dia, e permitiu-lhe manifestar-se... E mandou-nos

166

pregar ao povo e confirmar que ele é que foi constituído por Deus Juiz dos vivos e dos mortos. É dele que todos os profetas dão testemunho: quem acredita nele recebe, pelo seu nome, a remissão dos pecados" (At 10,39-43).

É óbvio que as circunstâncias mudaram imensamente em dois mil anos. E, no entanto, mantém-se a mesma necessidade de proclamar Cristo. O nosso dever de dar testemunho da morte e ressurreição de Jesus e da sua presença salvífica na nossa vida é tão real e urgente como no tempo dos primeiros discípulos. Devemos anunciar a Boa-Nova a todos os que a desejam escutar.

É essencial uma proclamação direta, pessoal – alguém que partilha a fé no Senhor ressuscitado com outras pessoas –, mas são necessárias também as formas tradicionais de anúncio da Palavra de Deus. No entanto, paralelamente, a proclamação deve ser feita nos dias de hoje dentro e através dos meios de comunicação. "A Igreja viria a sentir-se culpável diante do seu Senhor, se ela não lançasse mão destes potentes meios" (Paulo VI, *Evangelii nuntiandi*, n. 45).

Dificilmente se poderá sobrevalorizar o impacto dos meios de comunicação no mundo de hoje. O advento da sociedade da informação é uma revolução cultural, que fez dos meios de comunicação o "primeiro areópago da idade moderna" *(Redemptoris missio*, n. 37), no qual fatos, ideias e valores estão constantemente a mudar. Através dos *mass media*, as pessoas entram em contato com outras pessoas e acontecimentos, e formam as suas opiniões sobre o mundo em que vivem – na realidade, constroem a sua compreensão sobre o significado da vida. Para muitos, a experiência da vida é em grande medida uma experiência dos meios de comunicação (cf. Pontifício Conselho para as Comunicações Sociais, *Aetatis novae*, n. 2). A proclamação de Cristo deve constituir uma parte desta experiência.

Obviamente, ao proclamar o Senhor, a Igreja deve utilizar de forma enérgica e qualificada os seus próprios meios de comunicação – livros, jornais, publicações periódicas, rádio, televisão e outros; além disso, os comunicadores católicos devem ser corajosos e criativos em desenvolver novos meios e métodos de proclamação.

Contudo, na medida do possível, a Igreja deve também aproveitar as oportunidades que puder encontrar nos meios seculares de comunicação social.

Os *mass media* já contribuem de diversas formas para o enriquecimento espiritual – por exemplo, os numerosos programas especiais que serão levados a audiências mundiais através das transmissões via satélite efetuadas durante o ano do Grande Jubileu. Noutros casos, porém, os meios de comunicação manifestam a indiferença, ou mesmo a hostilidade a Cristo e à sua mensagem que persistem em determinados setores da cultura laica. Frequentemente, no entanto, verifica-se a necessidade de uma espécie de "exame de consciência" por parte dos meios de comunicação, que conduz a uma consciência mais crítica relativamente a preconceitos ou a uma falta de respeito pelas convicções morais e religiosas das pessoas.

As apresentações dos meios de comunicação deverão chamar a atenção para as necessidades humanas autênticas, especialmente das pessoas débeis, vulneráveis e marginalizadas, o que pode tornar-se uma autêntica proclamação do Evangelho. Mas, para além desta proclamação implícita, os comunicadores cristãos deveriam encontrar modos de falar explicitamente de Jesus crucificado e ressuscitado, do seu triunfo sobre o pecado e a morte, de forma adequada ao meio utilizado e às características do auditório.

Para um bom desempenho desta tarefa exigem-se formação e qualidades profissionais. Mas também algo mais. Para dar testemunho de Cristo é necessário fazer a sua descoberta e cultivar uma relação pessoal com Ele através da oração, da Eucaristia e do sacramento da Reconciliação, da leitura e reflexão da Palavra de Deus, do estudo da doutrina cristã e mediante o serviço prestado ao próximo. Em todo caso, para se conseguirem resultados autênticos, tudo deverá ser alcançado mais por obra do Espírito Santo do que pelos nossos meios.

Proclamar Cristo não é só um dever, é também um privilégio: "A passagem dos crentes para o terceiro milênio não se ressente de forma alguma do cansaço que o peso de 2000 anos de história poderia acarretar consigo; antes, os cristãos sentem-se revigorados com a certeza de levarem ao mundo a luz verdadeira, Cristo Senhor. Ao anunciar Jesus de Nazaré, verdadeiro Deus e perfeito Homem, a Igreja oferece a todo o ser humano a perspectiva de ser 'divinizado' e, dessa forma, tornar-se mais homem" *(Incarnationis mysterium*, n. 2).

O Grande Jubileu do segundo milênio do nascimento de Jesus em Belém deverá ser uma oportunidade e um desafio para os discípulos de Cristo testemunharem, dentro e através dos meios de comunicação, a extraordinária e consoladora Boa-Nova da salvação. Neste "ano de graça", oxalá os meios de comunicação deem voz ao próprio Jesus, de maneira clara e jubilosa, com fé, esperança e amor. Proclamar Cristo nos *mass media* na aurora de um novo Milênio não é apenas uma parte necessária da missão evangelizadora da Igreja: constitui igualmente um enriquecimento vital, inspirador e esperançado da mensagem dos meios de comunicação. Deus conceda com abundância a sua graça a todos aqueles que honram e anunciam o Seu Filho, nosso Senhor Jesus Cristo, no vasto mundo dos meios de comunicação social.

Do Vaticano, 24 de janeiro de 2000,
Solenidade de São Francisco de Sales.

"ANUNCIAI-O DO CIMO DOS TELHADOS: O EVANGELHO NA ERA DA COMUNICAÇÃO GLOBAL"
27 DE MAIO DE 2001

1. O tema que escolhi para o Dia Mundial das Comunicações de 2001 reflete as palavras do próprio Jesus. Não podia ser de outra forma, dado que é Jesus mesmo que anunciamos. Recordamos as suas palavras aos seus primeiros discípulos: "O que vos digo na escuridão, repito-o à luz do dia, e o que escutais em segredo, proclamai-o sobre os telhados" (Mt 10,27). No segredo do nosso coração, escutamos a verdade de Jesus; agora, devemos proclamar esta verdade sobre os telhados.

No mundo hodierno, os telhados são quase sempre caracterizados por uma floresta de transmissores e de antenas que enviam e recebem mensagens de todos os tipos, para e dos quatro recantos da terra. É vitalmente importante assegurar que entre estas inúmeras mensagens a Palavra de Deus seja escutada. Proclamar hoje a fé sobre os telhados significa anunciar a palavra de Jesus no e através do mundo dinâmico das comunicações.

2. Em todas as culturas e em todos os tempos – certamente no meio das transformações globais de hoje – as pessoas apresentam os mesmos interrogativos acerca do significado da vida: Quem sou eu? De onde venho e aonde vou? Onde está o mal? O que é que existe depois desta vida? (cf. *Fides et ratio*, n. 1). E em cada época a Igreja oferece a única resposta que, em última análise, satisfaz as profundas interrogações do coração humano – o próprio Jesus Cristo, que "manifesta perfeitamente o homem ao próprio homem e lhe descobre a sublimidade da sua vocação" (*Gaudium et spes*, n. 22). Por conseguinte, a voz dos cristãos nunca pode silenciar, uma vez que o Senhor nos confiou a palavra da salvação, à qual cada coração aspira. O Evangelho oferece a pérola inestimável que todos nós estamos a procurar (cf. Mt 13,45-46).

Portanto, a Igreja não pode deixar de estar cada vez mais profundamente comprometida no nascente mundo das comunicações. A rede global das comunicações está a crescer e a tornar-se cada vez mais complexa, e os *mass media* têm um efeito sempre mais visível sobre a cultura e a sua transmissão. Enquanto outrora eram os *mass media* que apresentavam os eventos, agora os acontecimentos são com frequência modelados a fim de corresponder aos requisitos dos meios de comunicação. Assim, a relação entre a realidade e os *mass media* tornou-se mais complicada, e este é um fenômeno profundamente ambivalente. Por um lado, ele pode matizar a distinção entre verdade e ilusão, mas, por outro, pode criar oportunidades sem precedentes para tornar a verdade mais vastamente acessível a um maior número de pessoas. A tarefa da Igreja consiste em assegurar que é a segunda eventualidade que realmente se verifica.

3. Às vezes o mundo dos *mass media* pode parecer indiferente e até mesmo hostil à fé e à moral cristãs. É assim em parte porque a cultura dos meios de comunicação está imbuída de maneira tão profunda de um sentido tipicamente pós-moderno, que a única verdade absoluta é a aquela segundo a qual não existem verdades absolutas ou que, se elas existissem, seriam inacessíveis à razão humana e, portanto, se tornariam irrelevantes. Desta forma, o que importa não

é a verdade, mas a "história"; se algo é digno de notícia ou divertido, a tentação de deixar de parte as considerações da verdade torna-se quase irresistível. Por conseguinte, às vezes o mundo dos *mass media* pode parecer um ambiente não mais amistoso para a evangelização do que o mundo pagão do tempo dos Apóstolos. Mas do mesmo modo que as primeiras testemunhas da Boa-Nova não se retiraram quando se encontraram diante de oposições, assim também os seguidores de Cristo não o deviam fazer hoje. O brado de São Paulo ainda ecoa entre nós: "Ai de mim se eu não evangelizar!" (1Cor 9,16).

Contudo, por mais que o mundo dos *mass media* possa às vezes parecer separado da mensagem cristã, ele também oferece oportunidades singulares para a proclamação da verdade salvífica de Cristo à inteira família humana. Considerem-se, por exemplo, as transmissões satelitares das cerimônias religiosas que com frequência atingem um auditório global, ou as capacidades positivas da Internet de transmitir informações religiosas e ensinamentos para além de todas as barreiras e fronteiras. Um auditório tão vasto estaria além das imaginações mais ousadas daqueles que anunciaram o Evangelho antes de nós. Portanto, no nosso tempo é necessário que a Igreja se empenhe de maneira ativa e criativa nos *mass media.* Os católicos não deveriam ter medo de abrir as portas da comunicação social a Cristo, de tal forma que a sua Boa-Nova possa ser ouvida sobre os telhados do mundo!

4. No início deste novo milênio é também vital considerarmos a missão *ad gentes,* que Cristo confiou à Igreja. Julga-se que dois terços dos seis bilhões de habitantes do mundo não conhecem Jesus Cristo em qualquer sentido real; e muitos deles vivem em países de antigas raízes cristãs, em que inteiros grupos de batizados perderam o sentido vivo da fé, ou já não se consideram membros da Igreja e vivem a própria vida distante do Senhor e do seu Evangelho (cf. *Redemptoris missio,* n. 33). Sem dúvida, uma resposta efetiva a esta situação compromete não só os meios de comunicação; contudo, ao lutarem para enfrentar este desafio, os cristãos não podem absolutamente ignorar o mundo das comunicações sociais. Com efeito, os

MENSAGENS DE JOÃO PAULO II

mass media de todos os tipos podem desempenhar um papel essencial na evangelização direta e na transmissão aos povos das verdades e dos valores que salvaguardam e enobrecem a dignidade humana. A presença da Igreja nos *mass media* é efetivamente um importante aspecto da inculturação do Evangelho, exigida pela nova evangelização, para a qual o Espírito Santo está a exortar a Igreja no mundo inteiro.

Enquanto toda a Igreja procura prestar atenção ao chamamento do Espírito, os comunicadores cristãos têm "uma tarefa profética, uma vocação: falar contra os falsos deuses e ídolos do nosso tempo – materialismo, hedonismo, nacionalismo exasperado, etc." (*Ética nas Comunicações*, n. 31). Sobretudo, eles têm o dever e o privilégio de declarar a verdade – a verdade gloriosa acerca da vida humana e do destino do homem, revelado no Verbo que se fez homem. Oxalá os católicos comprometidos no mundo das comunicações sociais anunciem a verdade de Jesus cada vez mais corajosa e impavidamente sobre os telhados, de tal maneira que todos os homens e mulheres possam ouvir falar do amor que está na autocomunicação de Deus em Jesus Cristo, o mesmo ontem, hoje e para toda a eternidade (cf. Hb 13,8).

Vaticano, 24 de janeiro de 2001,
Solenidade de São Francisco de Sales.

"INTERNET: UM NOVO FORO PARA A PROCLAMAÇÃO DO EVANGELHO"

12 DE MAIO DE 2002

Queridos Irmãos e Irmãs!

1. A Igreja de todos os tempos dá continuidade à obra que teve início no dia do Pentecostes, quando os Apóstolos, no poder do Espírito Santo, partiram pelas ruas de Jerusalém para pregar o Evangelho de Jesus Cristo em muitas línguas (cf. At 2,5-11). Ao longo dos séculos seguintes, esta missão evangelizadora espalhou-se pelos quatro cantos da terra, na medida em que o Cristianismo se enraizava em muitos lugares e aprendia a falar as diversas línguas do mundo, sempre em obediência ao mandato de Cristo, de anunciar o Evangelho a todas as nações (cf. Mt 28,19-20).

Contudo, a história da evangelização não é apenas uma questão de expansão geográfica, dado que a Igreja teve de ultrapassar também muitos confins culturais, cada um dos quais exigiu renovadas energia e imaginação na proclamação do único Evangelho de Jesus Cristo. A época das grandes descobertas, a Renascença e a invenção da imprensa, a Revolução Industrial e o nascimento do novo mundo: também estes foram momentos de vanguarda, que exigiram novas formas de evangelização. Atualmente, com a revolução das comunicações e da informática em pleno desenvolvimento, sem dúvida a Igreja encontra-se diante de outra porta de entrada. Por conseguinte, neste Dia Mundial das Comunicações de 2002, é oportuno refletirmos sobre o tema: "Internet: um novo foro para a proclamação do Evangelho".

2. Sem dúvida, a Internet constitui um novo "foro", entendido no antigo sentido romano do lugar público em que se decidia sobre a política e o comércio, onde se cumpriam os deveres, se desenrolava uma boa parte da vida social da cidade e se expunham os melhores e os piores aspectos da natureza humana. Tratava-se de um espaço urbano apinhado e movimentado, que refletia a cultura circunvizinha e criava uma cultura que lhe era própria. Isto não é menos verdadeiro no que se refere ao espaço cibernético que é, por assim dizer, uma nova fronteira que se abre no início deste novo milênio. Assim como as novas fronteiras dos outros tempos, também esta está cheia da ligação entre perigos e promessas, e não é desprovida do sentido de aventura que caracterizou os outros grandes períodos de mudança. Para a Igreja, o novo mundo do espaço cibernético é uma exortação à grande aventura do uso do seu potencial para proclamar a mensagem evangélica. Este desafio está no centro do que significa, no início do milênio, seguir o mandato do Senhor, de "fazer-se ao largo": *Duc in altum*! (Lc 5,4).

3. A Igreja aproxima-se deste novo meio com realismo e confiança. Como os outros instrumentos de comunicação, ele é um meio e não um fim em si mesmo. A Internet pode oferecer magníficas oportunidades de evangelização, se for usada com competência e uma clara consciência das suas forças e debilidades. Sobretudo, oferecendo informações e suscitando o interesse, ela torna possível um encontro inicial com a mensagem cristã, de maneira especial entre os jovens que, cada vez mais, consideram o espaço cibernético como uma janela para o mundo. Portanto, é importante que a comunidade

cristã descubra formas muito especiais de ajudar aqueles que, pela primeira vez, entram em contato com a Internet, a passar do mundo virtual do espaço cibernético para o mundo real da comunidade cristã.

Numa etapa seguinte, a Internet pode oferecer também o tipo de continuidade requerida pela evangelização. Especialmente numa cultura desprovida de fundamentos, a vida cristã exige a instrução e a catequese permanentes e este é, talvez, o campo em que a Internet pode oferecer uma ajuda excelente. Na "Net" já existem inúmeras fontes de informação, documentação e educação sobre a Igreja, a sua história e a sua tradição, a sua doutrina e o seu compromisso em todos os setores, em todas as partes do mundo. Assim é óbvio que, apesar de a Internet nunca poder substituir aquela profunda experiência de Deus, que só a vida concreta, litúrgica e sacramental da Igreja pode oferecer, ela pode certamente contribuir com um suplemento e um apoio singulares, tanto preparando para o encontro com Cristo na comunidade como ajudando o novo crente na caminhada de fé, que então tem início.

4. Contudo, há algumas questões necessárias, até mesmo óbvias, que surgem do uso da Internet na causa da evangelização. Com efeito, a essência da Internet é a sua oferta de um fluxo quase infinito de informação que, na sua maioria, passa num instante. Numa sociedade que se alimenta do que é efêmero, corre-se facilmente o risco de acreditar que o que importa são os fatos e não os valores. A Internet oferece vastos conhecimentos, mas não ensina valores; e quando estes são ignorados, a nossa própria humanidade é diminuída e o homem facilmente perde de vista a sua dignidade transcendente. Apesar do seu enorme potencial para o bem, alguns dos modos degradantes e prejudiciais em que a Internet pode ser usada já são óbvios para todos, e as autoridades públicas têm certamente a responsabilidade de garantir que este instrumento maravilhoso sirva o bem comum e não se torne uma fonte de prejuízo.

Além disso, a Internet volta a definir a relação psicológica da pessoa com o tempo e o espaço. Presta-se atenção àquilo que é tangível, útil e alcançável instantaneamente; pode vir a faltar o estímulo para o pensamento e a reflexão mais profundos. Contudo, os seres humanos têm a necessidade vital do tempo e do silêncio interior, para refletir e examinar a vida e os seus mistérios, e para crescer de modo gradual até atingir um domínio amadurecido de si mesmos e do mundo que os rodeia. A compreensão e a sabedoria são o fruto de uma análise contemplativa do mundo, e não derivam de uma simples acumulação de fatos, por mais interessantes que sejam. São o resultado de uma introspecção que penetra o significado mais profundo das coisas, na relação de umas com as outras e com o conjunto da realidade. Além disso, como foro em que praticamente tudo é aceitável e quase nada é duradouro, a Internet favorece uma forma relativista de pensar e, às vezes, alimenta a fuga da responsabilidade e do compromisso pessoais.

Neste contexto, como havemos de cultivar a sabedoria que deriva não só da informação, mas da introspecção, a sabedoria que compreende a diferença entre o que é correto e o que é errado, e sustenta a escala de valores que provém desta diferença?

5. O fato de que, através da Internet, as pessoas multiplicam os seus contatos de maneiras até agora impensáveis, oferece maravilhosas oportunidades para a propagação do Evangelho. Todavia, é também verdade que as relações mantidas eletronicamente jamais podem substituir o contato humano direto, necessário para uma evangelização autêntica, porque a evangelização depende sempre do testemunho pessoal daquele que é enviado para evangelizar (cf. Rm 10,14-15). Como é que a Igreja orienta a partir do tipo de contato que se tornou possível pela Internet, para uma comunicação mais profunda, exigida pela proclamação do Evangelho? Como edificamos sobre os primeiros contatos e permuta de informações, que a Internet tornou possível?

Não há dúvida de que a revolução eletrônica apresenta a promessa de grandes conquistas positivas para o mundo em vias de desenvolvimento; contudo, há também a possibilidade de agravar efetivamente as desigualdades já existentes, na medida em que aumenta o fosso da informação e das comunicações. Como podemos garantir que a revolução da informação e das comunicações, que tem na Internet o seu primeiro motor, atuará em benefício da globalização do desenvolvimento e da solidariedade humana, objetivos que estão estreitamente ligados à missão evangelizadora da Igreja?

Por fim, nestes tempos de dificuldade, permiti-me perguntar: como é que podemos garantir que este maravilhoso instrumento, inicialmente concebido no âmbito das operações militares, pode agora servir a causa da paz? Pode ele favorecer a cultura do diálogo, da participação, da solidariedade e da reconciliação, sem a qual a paz não consegue florescer? A Igreja acredita que sim; e para assegurar que é isto que acontecerá, ela está determinada a entrar neste novo foro, armada com o Evangelho de Cristo, o Príncipe da Paz.

6. A Internet faz com que bilhões de imagens apareçam em milhões de écrans de computadores no planeta inteiro. Desta galáxia de imagens e sons, emergirá o rosto de Cristo e ouvir-se-á a sua voz? Porque somente quando vir o seu rosto e ouvir a sua voz, é que o mundo conhecerá a Boa-Nova da nossa redenção. Esta é a finalidade da evangelização. E é isto que fará da Internet um espaço autenticamente humano, porque se não houver lugar para Cristo, não haverá lugar para o homem. Por conseguinte, neste Dia Mundial das Comunicações, ouso exortar toda a Igreja a ultrapassar com coragem este novo limiar, para se fazer ao largo na "Net", de tal maneira que no presente, assim como foi no passado, o grande compromisso do Evangelho e da cultura possa mostrar ao mundo "a glória de Deus e o rosto de Cristo" (2Cor 4,6). O Senhor abençoe todos aqueles que trabalham em ordem a esta finalidade.

Vaticano, 24 de janeiro de 2002,
Solenidade de São Francisco de Sales.

"OS MEIOS DE COMUNICAÇÃO SOCIAL AO SERVIÇO DA PAZ AUTÊNTICA, À LUZ DA *PACEM IN TERRIS*"
1º DE JUNHO DE 2003

Queridos Irmãos e Irmãs!

1. Nos dias obscuros da Guerra Fria, a Carta Encíclica *Pacem in terris*, do Beato Papa João XXIII, tornou-se um farol de esperança para os homens e as mulheres de boa vontade. Declarando que a paz autêntica "não se pode estabelecer nem consolidar senão no pleno respeito da ordem instituída por Deus" (*Pacem in terris*, n. 1), o Santo Padre indicou a verdade, a justiça, a caridade e a liberdade como os pilares de uma sociedade pacífica (cf. *Pacem in terris*, n. 37).

A manifestação do poder das comunicações sociais modernas constituiu uma parte importante dos pressupostos desta Encíclica. O Papa João XXIII pensava de maneira muito particular nos *mass media*, quando exortou "à justiça e à imparcialidade" na utilização "das modernas invenções técnicas, tendentes a favorecer um maior conhecimento recíproco entre os povos", oferecidas pela ciência e pela tecnologia; além disso, denunciou "os métodos de informação que, violando a justiça e a verdade, firam o bom nome de algum povo" (cf. *Pacem in terris*, n. 90).

2. Hoje, ao celebrarmos o 40º aniversário da Encíclica *Pacem in terris*, a divisão dos povos em blocos opostos é, sobretudo, uma recordação dolorosa do passado, mas ainda faltam paz, justiça e estabilidade social em numerosas partes do mundo. O terrorismo e o conflito no Médio Oriente e noutras regiões, as ameaças e as contra-ameaças, a injustiça, a exploração e os ataques contra a dignidade e a santidade da vida humana, tanto antes como depois do nascimento, constituem algumas das realidades consternadoras do nosso tempo.

Entretanto, o poder que os *mass media* têm de delinear os relacionamentos humanos e de influenciar a vida política e social, tanto no bem como no mal, aumentou enormemente. Daqui, a oportunidade do tema escolhido para o 37º Dia Mundial das Comunicações: "Os meios de comunicação social ao serviço da paz autêntica, à luz da *Pacem in terris*". O mundo e os *mass media* ainda têm muito a aprender da mensagem do Beato Papa João XXIII.

3. Os *mass media* e a verdade. O requisito moral fundamental de toda a comunicação é o respeito pela verdade e o seu serviço. A liberdade de procurar e de dizer a verdade é essencial para a comunicação humana, não apenas no que se refere aos fatos e às informações, mas também, e de maneira especial, no que diz respeito à natureza e ao destino da pessoa humana, à sociedade, ao bem comum e ao nosso relacionamento com Deus. Os *mass media* têm uma responsabilidade iniludível neste sentido, uma vez que constituem o foro moderno em que as ideias são compartilhadas e as pessoas podem crescer em compreensão mútua e em solidariedade. Este é motivo pelo qual o Papa João XXIII defendia o direito "à liberdade na pesquisa da verdade e, dentro dos limites da ordem moral e do bem comum, à liberdade na manifestação e difusão do pensamento" como condições necessárias para a paz social (*Pacem in terris*, n. 12).

Com efeito, os *mass media* prestam com frequência um serviço intrépido à verdade; contudo, às vezes funcionam como agentes de propaganda e desinformação ao serviço de interesses limitados, de preconceitos nacionais, étnicos, raciais e religiosos, de avidez material e de falsas ideologias de vários gêneros. É imperativo que as pressões exercidas neste sentido sobre os *mass media*, em ordem a levá-los a cometer tais erros, sejam contrastadas em primeiro lugar pelos homens e pelas mulheres dos próprios meios de comunicação, mas também pela Igreja e pelos outros grupos interessados.

4. Os *mass media* e a justiça. O Beato Papa João XXIII falou com eloquência, na *Pacem in terris*, sobre o bem humano universal – ou seja, "o bem comum universal" (Ibid., n. 132) – em que cada indivíduo e todos os povos têm o direito de participar.

O alcance mundial dos *mass media* acarreta consigo particulares responsabilidades a este respeito. Enquanto é verdade que os *mass media* pertencem com frequência a grupos de interesse, particulares e públicos, a própria natureza do seu impacto sobre a vida exige que eles não sirvam para pôr uns grupos contra os outros – por exemplo, em nome da luta de classe, do nacionalismo exasperado, da supremacia racial, da purificação étnica, e assim por diante. Pôr uns contra os outros em nome da religião é uma falta particularmente grave contra a justiça, da mesma forma que é o tratamento discriminatório das crenças religiosas, dado que estas pertencem à índole mais profunda da dignidade e da liberdade da pessoa humana.

Anunciando com fidelidade os acontecimentos, explicando corretamente as problemáticas e apresentando de maneira imparcial os vários pontos de vista, os *mass media* têm o dever rigoroso de promover a justiça e a solidariedade nos relacionamentos humanos, a todos os níveis da sociedade. Isto não significa atenuar indevidamente as injustiças e as divisões, mas ir até as suas origens, de tal maneira que as mesmas possam ser compreendidas e emendadas.

5. Os *mass media* e a liberdade. A liberdade é uma condição prévia para a paz verdadeira, assim como um dos seus frutos mais preciosos. Os *mass media* servem a liberdade, quando servem a

verdade; e impedem a liberdade à medida que se separam da verdade, difundindo falsidades ou criando um clima de reação emotiva malsã diante dos acontecimentos. Somente se tiverem acesso livre às informações verdadeiras e suficientes é que as pessoas poderão procurar o bem comum e considerar as autoridades públicas responsáveis.

Se os *mass media* quiserem servir a liberdade, deverão ser eles mesmos livres e utilizar tal liberdade corretamente. A sua condição privilegiada obrigam os *mass media* a elevar-se acima das solicitudes meramente comerciais e a servir as verdadeiras necessidades e interesses da sociedade. Embora uma certa regulamentação pública dos *mass media* em relação aos interesses do bem comum seja apropriada, o controle governamental não é oportuno. Os jornalistas e, de modo particular, os comentadores têm o grave dever de seguir as instâncias da sua consciência moral e de resistir às pressões de "adaptar" a verdade para satisfazer as exigências da riqueza ou do poder político.

No nível concreto, devem encontrar-se modos não só de permitir que os setores mais frágeis da sociedade tenham acesso às informações de que precisam para o seu desenvolvimento individual e social, mas também de assegurar que eles não sejam excluídos de um papel efetivo e responsável em ordem a decidir os conteúdos mediáticos e a determinar as estruturas e políticas das comunicações sociais.

6. Os *mass media* e a caridade. "A ira do homem não produz a justiça de Deus" (Tg 1,20). No ápice da Guerra Fria, o Beato Papa João XXIII exprimiu este pensamento simples, mas profundo, sobre o que o caminho para a paz pressupõe: "Isto requer que, em vez do critério de equilíbrio em armamentos, que hoje mantém a paz, se abrace o princípio segundo o qual a verdadeira paz entre os povos não se baseia em tal equilíbrio, mas exclusivamente na confiança mútua" (*Pacem in terris*, n. 113).

Os meios de comunicação são fatores-chave no mundo contemporâneo e têm um papel muito importante a desempenhar na formação desta confiança. O seu poder é tão grande que, em poucos dias, eles podem criar uma reação pública positiva ou negativa em relação aos acontecimentos, segundo as suas finalidades. As pessoas sensatas compreenderão que este enorme poder exige os mais elevados padrões de compromisso na verdade e na justiça. Neste sentido, os homens e as mulheres que trabalham nos *mass media* devem contribuir de maneira especial para a paz em todas as partes do mundo, rompendo as barreiras da desconfiança, promovendo a consideração dos pontos de vista dos outros, procurando sempre aproximar os povos e as nações na compreensão e no respeito recíprocos e – para além da compreensão e do respeito – na reconciliação e na misericórdia! "Onde predominam o ódio e a sede de vingança, onde a guerra causa o sofrimento e a morte dos inocentes, é necessária a graça da misericórdia para aplacar as mentes e os corações, e para fazer reinar a paz" (*Homilia no Santuário da Misericórdia Divina em Cracóvia-Lagiewniki [Polônia]*, 17 de agosto de 2002, n. 5).

Embora tudo isto seja um grande desafio, não significa de modo algum que é demasiado pedir aos homens e às mulheres dos *mass media* que o enfrentem. Com efeito, por vocação e por profissão, eles são chamados a tornar-se agentes da verdade, justiça, liberdade e amor, contribuindo com o seu importante trabalho para uma ordem social "fundada na verdade, construída segundo a justiça, alimentada e consumada na caridade, realizada sob os auspícios da liberdade" (*Pacem in terris*, n. 166). Por conseguinte, a minha oração no Dia Mundial das Comunicações deste ano é para que os homens e as mulheres dos *mass media* estejam cada vez mais plenamente à altura do desafio da sua vocação: o serviço ao bem comum universal. O seu cumprimento pessoal e a paz e a felicidade do mundo dependem em grande medida disto. Deus os abençoe com a luz e a coragem.

Vaticano, 24 de janeiro de 2003,
Festividade de São Francisco de Sales.

"OS *MASS MEDIA* NA FAMÍLIA: UM RISCO E UMA RIQUEZA"
23 DE MAIO DE 2004

Queridos Irmãos e Irmãs!

1. O crescimento extraordinário dos meios de comunicação e a sua aumentada disponibilidade trouxeram oportunidades excepcionais para o enriquecimento da vida não apenas dos indivíduos, mas também das famílias. Ao mesmo tempo, hoje as famílias estão a enfrentar novos desafios, que derivam das mensagens, diversificadas e muitas vezes contraditórias, apresentadas pelos *mass media*. O tema escolhido para o Dia Mundial das Comunicações – "Os *mass media* na família: um risco e uma riqueza" – é um tema oportuno, dado que convida a uma reflexão sóbria sobre o uso que as famílias fazem dos meios de comunicação e, em contrapartida, do modo como os *mass media* tratam as famílias e as solicitudes familiares.

O tema deste ano recorda também a todos, tanto aos comunicadores como aos seus destinatários, que toda a comunicação tem uma dimensão moral. Como o próprio Senhor disse, é da abundância do coração que a boca fala (cf. Mt 12,34-35). As pessoas crescem ou diminuem de estatura moral, de acordo com as palavras que elas pronunciam e com as mensagens que preferem ouvir. Consequentemente, a sabedoria e o discernimento no uso dos *mass media* são exigidos de maneira particular da parte dos profissionais das comunicações, dos pais e dos educadores, uma vez que as suas decisões influenciam enormemente as crianças e os jovens, por quem eles são responsáveis e que, em última análise, são o futuro da sociedade.

2. Graças à expansão sem precedentes do mercado das comunicações nas últimas décadas, numerosas famílias no mundo inteiro, mesmo as que dispõem de meios bastante modestos, agora têm acesso, no seu próprio lar, a recursos mediáticos imensos e diversificados. Por conseguinte, elas têm oportunidades virtualmente ilimitadas nos campos da informação, da educação, da expansão cultural e até mesmo do crescimento espiritual – oportunidades estas que excedem em grande medida as que eram disponíveis para a maioria das famílias no passado recente.

Não obstante, estes mesmos meios de comunicação possuem a capacidade de causar prejuízos graves às famílias, apresentando uma visão inadequada e mesmo deformada da vida, da família, da religião e da moral. Este poder, tanto para reforçar como para desprezar os valores tradicionais, como a religião, a cultura e a família, foi compreendido com clareza pelo Concílio Vaticano II, que ensinou que, "para o reto uso destes meios, é absolutamente necessário que todos os que se servem deles conheçam e ponham em prática, neste campo, as normas da ordem moral" (*Inter mirifica*, n. 4). Os *mass media*, em qualquer forma que seja, devem inspirar-se sempre no critério ético do respeito pela verdade e pela dignidade da pessoa humana.

3. Estas considerações dizem respeito de forma particular à abordagem das famílias pelos meios de comunicação. Por um lado, o matrimônio e a vida familiar são frequentemente descritos de maneira sensível e realista, mas também com simpatia, de modo a exaltar virtudes como o amor, a fidelidade, o perdão e a abnegação generosa em prol dos outros. Isto é também verdade no que se refere às apresentações dos *mass media* que reconhecem os fracassos e

as desilusões, inevitavelmente experimentados pelos cônjuges e pelas famílias – tensões, conflitos, derrotas, escolhas negativas e atos prejudiciais – mas, ao mesmo tempo, fazem um esforço em vista de separar o justo do injusto, de distinguir o amor verdadeiro das suas imitações e de mostrar a importância insubstituível da família como unidade fundamental da sociedade.

Por outro lado, a família e a vida familiar são também, com muita frequência, descritas de maneira inoportuna pelos meios de comunicação. A infidelidade, a atividade sexual fora do matrimônio e a ausência de uma visão moral e espiritual do vínculo matrimonial são descritas de maneira não crítica, enquanto às vezes se apresentam de modo positivo o divórcio, a contracepção, o aborto e a homossexualidade. Estas visões, promovendo as causas contrárias ao matrimônio e à família, são prejudiciais para o bem comum da sociedade.

4. A reflexão consciensiosa sobre a dimensão ética das comunicações deveria conduzir a iniciativas concretas, destinadas a eliminar os riscos contra o bem-estar da família, apresentados pelos *mass media*, e assegurando que estes poderosos instrumentos da comunicação permaneçam como fontes genuínas de enriquecimento. Os próprios comunicadores, as autoridades públicas e os pais têm uma responsabilidade especial a este propósito.

O Papa Paulo VI ressaltava que os comunicadores profissionais deveriam "conhecer e respeitar as necessidades da família, e isto pressupõe neles, por vezes, uma coragem verdadeira e sempre um elevado sentido de responsabilidade" (*Mensagem para o Dia Mundial das Comunicações Sociais de 1969*). Não é fácil resistir às pressões comerciais ou às reivindicações de conformidade com as ideologias seculares, mas é isto que os comunicadores responsáveis devem fazer. A aposta é grande, dado que cada ataque contra o valor fundamental da família constitui um ataque contra o verdadeiro bem da humanidade.

As próprias autoridades públicas têm o sério dever de promover o matrimônio e a família, para o bem da sociedade em geral. Contudo, hoje muitas pessoas aceitam e agem segundo as argumentações libertárias efêmeras dos grupos que defendem práticas que contribuem para o grave fenômeno da crise da família e para o debilitamento do próprio conceito de família. Sem recorrer à censura, é imperativo que as autoridades públicas definam políticas de regulação e procedimentos para garantir que os meios de comunicação não ajam contra o bem da família. Os representantes da família deveriam fazer parte deste empreendimento político.

Os responsáveis pela política nos *mass media* e no setor público devem trabalhar também por uma distribuição equitativa dos recursos comunicativos em nível nacional e internacional, enquanto respeitam a integridade das culturas tradicionais. Os meios de comunicação não deveriam parecer ter uma agenda hostil aos valores familiares sólidos das culturas tradicionais, ou a finalidade de substituir tais valores, como parte de um processo de globalização, com os valores secularizados da sociedade consumista.

5. Os pais, como os educadores primários e mais importantes dos seus filhos, são inclusivamente os primeiros a dar-lhes um ensinamento acerca dos meios de comunicação. Eles são chamados a formar os seus filhos no "uso moderato, crítico, atento e prudente dos *mass media*" em casa (*Familiaris consortio*, n. 76). Quando os pais o fazem de modo consistente e positivo, a vida familiar fica enormemente enriquecida. Até mesmo as crianças muito jovens podem receber lições importantes sobre os meios de comunicação: que os mesmos são produzidos por pessoas ansiosas de transmitir mensagens; que estas são com frequência mensagens para agir de um modo específico – para comprar um produto, para assumir um comportamento ambíguo – que não corresponde aos melhores interesses da criança, nem está em sintonia com a verdade moral; que as crianças não deveriam aceitar ou imitar sem crítica aquilo que encontram nos *mass media*.

Os pais precisam também regular o uso dos meios de comunicação em casa. Isto incluiria um plano e uma programação do uso dos *mass media*, limitando estritamente o tempo que os filhos dedicam aos meios de comunicação, fazendo da diversão uma experiência familiar, eliminando de forma total alguns deles e, periodicamente, excluindo todos eles, em vantagem de outras atividades em família.

Sobretudo, os pais deveriam dar bons exemplos aos filhos, através de um uso ponderado e seletivo dos *mass media*. Eles descobrirão com frequência que é útil reunir-se com outras famílias para estudar e debater sobre os problemas e as oportunidades apresentados pelo uso dos meios de comunicação. As famílias deveriam ser ouvidas, quando dizem aos produtores, aos publicitários e às autoridades públicas o que gostam e o que não gostam.

6. Os meios de comunicação social têm uma enorme potencialidade positiva para promover valores humanos e familiares sólidos e, desta maneira, contribuir para a renovação da sociedade. Considerando o seu grande poder de formar ideias e de influenciar comportamentos, os comunicadores profissionais deveriam reconhecer que têm uma responsabilidade moral não apenas para dar às famílias todo o encorajamento, assistência e apoio possíveis, em vista desta finalidade, mas também para exercer a sabedoria, o bom juízo e a justiça na sua apresentação das questões que dizem respeito à sexualidade, ao matrimônio e à vida familiar.

Os meios de comunicação são recebidos diariamente como hóspedes familiares em muitos lares e famílias. Neste Dia Mundial das Comunicações, encorajo tanto as comunidades profissionais como as famílias a reconhecer o privilégio e a responsabilidade singulares que isto comporta. Que todas as pessoas comprometidas no campo das comunicações reconheçam que são verdadeiramente "responsáveis e administradores de um poder espiritual enorme, que pertence ao patrimônio da humanidade e que está destinado a enriquecer toda a comunidade humana" (*Discurso aos especialistas das comunicações*, Los Angeles, 15 de setembro de 1987, n. 8). E que as famílias sejam sempre capazes de encontrar nos *mass media* uma fonte de ajuda, de encorajamento e de inspiração, enquanto lutam para viver como comunidade de vida e de amor, para formar os jovens nos valores morais sólidos e para fazer progredir uma cultura de solidariedade, liberdade e paz.

Vaticano, 24 de janeiro de 2004,
Festividade de São Francisco de Sales.

"OS MEIOS DE COMUNICAÇÃO: AO SERVIÇO DA COMPREENSÃO ENTRE OS POVOS"
8 DE MAIO DE 2005

Queridos Irmãos e Irmãs!

1. Lemos na Carta de São Tiago: "De uma mesma boca procedem a bênção e a maldição. Não convém, meus irmãos, que seja assim" (Tg 3,10). As Sagradas Escrituras nos recordam que as palavras têm um extraordinário poder para unir as pessoas ou dividi-las, para criar vínculos de amizade ou provocar hostilidade.

Esta não é uma verdade que diz respeito somente às palavras trocadas entre as pessoas. Aplica-se a toda comunicação, em qualquer lugar em qualquer nível. As modernas tecnologias nos oferecem possibilidades nunca vistas antes para fazer o bem, para difundir a verdade de nossa salvação em Jesus Cristo, e para promover a harmonia e a reconciliação. Por isso mesmo o seu mau uso pode provocar danos enormes, provocando incompreensão, preconceitos e até conflitos. O tema escolhido para a Jornada Mundial das Comunicações Sociais do ano 2005, "Os Meios de Comunicação ao Serviço da compreensão entre os povos", assinala uma necessidade urgente: promover a unidade da Família humana através da utilização destes maravilhosos recursos.

2. Um modo importante para se alcançar esta meta é a educação. Os meios podem mostrar a milhões de pessoas como são outras partes do mundo e outras culturas. Por isso são chamados acertadamente "o primeiro areópago do tempo moderno": "... para muitos são o principal instrumento informativo e formativo, de orientação e inspiração para os comportamentos individuais, familiares e sociais" (*Redemptoris missio*, n. 37). Um conhecimento adequado promove a compreensão, dissipa os preconceitos e desperta o desejo de aprender mais. As imagens, em particular, têm a capacidade de transmitir impressões duradouras e modelar atitudes. Ensinam as pessoas a olharem os membros de outros grupos e nações, exercendo uma influência sutil sobre o modo pelo qual devem ser considerados: como amigos ou inimigos, aliados ou potenciais adversários.

Quando os demais são apresentados em termos hostis, semeiam sementes de conflito que podem facilmente converter-se em violência, guerra, e incluso genocídio. Em vez de construir a unidade e o entendimento, os meios podem ser usados para denegrir os outros grupos sociais, étnicos e religiosos, fomentando o temor e o ódio. Os responsáveis pelo estilo e o conteúdo daquilo que se comunica têm o grave dever de assegurar que isto não suceda. Realmente os meios têm um potencial enorme para promover a paz e construir pontes entre os povos, rompendo o círculo fatal da violência, vingança e as agressões sem fim, tão difundidas em nosso tempo. Nas palavras de São Paulo, que foi a base da mensagem para a Jornada Mundial da Paz deste ano: "Não te deixes vencer pelo mal, antes, vence o mal com o bem" (Rm 12,21).

3. Se esta contribuição à construção da paz é um dos modos significativos de como os meios podem unir as pessoas, têm também grande influência positiva para impulsionar as mobilizações de ajuda em resposta a desastres naturais ou outros. Tem sido comovente ver a rapidez com que a comunidade internacional respondeu ao recente

Tsunami, que provocou inúmeras vítimas. A velocidade com que as notícias viajam hoje aumenta a possibilidade de se tomar medidas práticas em tempo útil para oferecer a melhor assistência. Desta maneira, os meios podem conseguir um bem muito grande.

4. O Concílio Vaticano II nos recorda: "Para o reto uso destes meios é absolutamente necessário que todos os que servem deles conheçam e ponham fielmente em prática neste campo as normas da ordem moral" (*Inter mirifica*, n. 4).

O princípio ético fundamental é este: "A pessoa e a comunidade humanas são a finalidade e a medida do uso dos meios de comunicação social: a comunicação deveria realizar-se de pessoa a pessoa, para o desenvolvimento integral das mesmas" (*Ética nas comunicações sociais*, n. 21). Assim sendo, são os comunicadores que devem em primeiro lugar colocar em prática nas suas vidas os valores e atitudes que são chamados a cultivar nos demais. Antes de tudo deve se incluir um autêntico compromisso com o bem comum, um bem que não se reduza aos estreitos interesses de um grupo particular ou nação, senão que acolha as necessidades e interesses de todos, o bem da família humana (cf. *Pacem in Terris*, n. 132). Os comunicadores têm a oportunidade de promover uma autêntica cultura da vida, distanciando-se da atual conjuntura contra a vida (cf. *Evangelium vitae*, n. 17), transmitindo a verdade sobre o valor e a dignidade de toda pessoa humana.

5. O modelo e a pauta de toda comunicação encontra-se no próprio Verbo de Deus, que "de muitos modos falou Deus a nossos pais por meio dos profetas; nestes últimos tempos nos falou por meio do seu Filho" (Hb 1,1). O Verbo encarnado estabeleceu uma nova aliança entre Deus e seu povo, uma aliança que também nos une, convertendo-nos em comunidade. "De fato, ele é a nossa paz: de dois povos fez um só povo, em sua carne derrubando o muro da inimizade que os separava" (Ef 2,14).

Minha Oração na Jornada Mundial das Comunicações Sociais deste ano é que os homens e as mulheres dos meios de comunicação assumam seu papel para derrubarem os muros da divisão e a inimizade em nosso mundo, muros que separam os povos e as nações entre si e alimentam a incompreensão e a desconfiança. Oxalá usem os recursos que têm à sua disposição para fortalecer os vínculos de amizade e amor que são sinais claros do nascente Reino de Deus aqui na terra.

Vaticano, 24 de janeiro de 2005,
Festa de São Francisco de Sales.

CONCLUSÃO

A riqueza de pensamento e a variedade de temas abordados nas mensagens do Papa João Paulo II requerem, por si só, uma análise ampla e completa, que poderá demonstrar a reflexão do Magistério da Igreja concernente à comunicação. E isto não somente no seu conceito, mas na presença de espírito de um homem lúcido, João Paulo II, inculturado, que soube ver com o olhar do Espírito as mais diversas situações mundiais, onde a comunicação pode e deve desenvolver o seu papel de grande articuladora das mudanças sociais (DAp, n. 484).

Um dos grandes méritos de suas mensagens foi acompanhar o desenvolvimento das novas tecnologias de comunicação através dos tempos, mas tendo sempre como centralidade a pessoa humana. Poderíamos dizer que tudo girava em torno do SER HUMANO. Por isso, a preocupação com a ética, com as mais diversas categorias de pessoas (mulher, jovens, idosos, por exemplo). Para obter a força necessária e somar esforços para a construção de uma sociedade mais digna e equilibrada, João Paulo II associou-se, por várias vezes, aos grandes temas proclamados pela ONU para a atenção do mundo inteiro aos respectivos temas.

Uma recomendação especial por parte de João Paulo II foi a de ter presente nas relações Igreja-comunicação o cuidado com os comunicadores. Duas são as vertentes: primeiramente, João Paulo II conclui suas mensagens com uma palavra de incentivo aos comunicadores, falando de sua responsabilidade e oportunidade para desenvolver os eixos temáticos de sua mensagem. O outro aspecto: um carinho especial pelos comunicadores, pelos quais o Papa pede que rezemos, pois sabe de suas lutas e da importância de seu trabalho, tantas vezes controvertido.

Por último, um legado de amor. Em sua última carta apostólica, *O rápido desenvolvimento*, Síntese do Magistério da Igreja a partir do *Inter mirifica*, o Papa mostra o caminho ao incentivar a mudança de mentalidade e a renovação pastoral na força do Espírito Santo. E conclui, como homem de fé que sempre foi: "É preciso não ter medo das próprias fraquezas, porque cremos na palavra de Jesus que disse: 'Eu estarei sempre convosco, todos os dias, até o fim do mundo' (Mt 28,20). Por isso é necessário comunicar sempre a mensagem de 'esperança, de graça e de amor de Cristo'".

Impresso na gráfica da
Pia Sociedade Filhas de São Paulo
Via Raposo Tavares, km 19,145
05577-300 - São Paulo, SP - Brasil - 2012